U0521504

寻找你的
维他命人

♥

[西班牙] 玛丽安·罗哈斯·埃斯斯塔佩 著

冯珣 译

中信出版集团 | 北京

图书在版编目（CIP）数据

寻找你的维他命人 /（西）玛丽安·罗哈斯·埃斯塔佩著；冯珣译. -- 北京：中信出版社，2023.9
ISBN 978-7-5217-5882-5

Ⅰ. ①寻… Ⅱ. ①玛… ②冯… Ⅲ. ①人际关系－通俗读物 Ⅳ. ① C912.11-49

中国国家版本馆 CIP 数据核字（2023）第 131290 号

Encuentra tu persona vitamina by Marian Rojas Estapé
Copyright © Marian Rojas Estapé, 2021
Copyright © Editorial Planeta, S.A., 2021
Espasa, sello editorial de Editorial Planeta, S.A
Ilustraciones de interior: Teresa Sánchez-Ocaña/Freepik
Diseño de la cubierta: Planeta Arte & Diseño
Ilustración de la cubierta: © Win Win artlab/Shutterstock
Dibujo del corazón: ©Ed Carosia
Simplified Chinese translation copyright © 2023 by CITIC Press Corporation
ALL RIGHTS RESERVED
本书仅限中国大陆地区发行销售

寻找你的维他命人
著者：[西班牙] 玛丽安·罗哈斯·埃斯塔佩
译者：冯 珣
出版发行：中信出版集团股份有限公司
（北京市朝阳区东三环北路 27 号嘉铭中心　邮编　100020）
承印者：北京联兴盛业印刷股份有限公司

开本：880mm×1230mm 1/32　　印张：10.75　　字数：205 千字
版次：2023 年 9 月第 1 版　　印次：2023 年 9 月第 1 次印刷
京权图字：01-2023-2261　　书号：ISBN 978-7-5217-5882-5
定价：58.00 元

版权所有·侵权必究
如有印刷、装订问题，本公司负责调换。
服务热线：400-600-8099
投稿邮箱：author@citicpub.com

致我的父母，
感谢你们指引我找到我的维他命人
——我的丈夫赫苏斯。
致我的四个孩子，你们是最纯正的催产素。

目录

引　言 ... 1

♥ **拥抱激素** ... 7

1　影响我们幸福感的两种激素：催产素与皮质醇 ... 9
2　改善身体炎症的迷走神经 ... 24
3　共情，一种维他命工具 ... 31
4　男人：睾酮水平高，催产素水平低 ... 38
5　分娩前后女性体内的激素变化 ... 46
6　皮肤是爱的天然感受器 ... 56
7　催产素令我们的生活充满惊喜 ... 61
8　摆脱孤独与社交疼痛，寻找填补我们灵魂的必要之人 ... 73

♥ **依　恋** ... 79

9　依恋：拥抱内心的小孩 ... 81
10　我们是以自己被爱的方式去爱别人吗？ ... 99
11　在育儿中，爱比理解更重要 ... 107

12　解离：创伤性依恋触发大脑的按钮 ... 125

13　维他命疗法 ... 151

❤ 欢愉与爱情 ... 183

14　情欲与母性，交友软件与色情制品 ... 185

15　当我们坠入爱河，身体会发生怎样的反应 ... 214

16　我们是如何做出选择的？ ... 229

17　金字塔理论：选择具体的人而非抽象的人 ... 239

18　如何长久地维系一段关系 ... 254

19　高敏感型人格者的情感世界 ... 265

❤ 有毒的人 ... 273

20　有毒的人令人皮质醇水平升高 ... 275

21　识别有毒的人 ... 284

22　学会对付有毒的人 ... 296

后　记 ... 320

致　谢 ... 327

参考书目 ... 329

推荐书目 ... 335

引 言

人类的思想一直令我着迷。我从很小的时候就对人类的行为和情感世界产生了浓厚的兴趣。在认识到身心合一的重要性、掌握了大脑和情感世界的运行原理之后,我写了《如何让好事发生在你身上》[1]一书。它是我的处女作,也是我人生的分水岭。我犹豫过先写那本书还是你们现在看到的这本,后来我考虑到,先写关于自我了解和认识大脑的书会有助于我更专注地进行第二本书的创作。

作为精神科医生,我关注每个患者的人生经历,和他们分享我的经验、观念和科学理论。就这样,日积月累,我逐渐走出职业舒适区,开始挑战新的领域。我想写这样一本书,阐述一个关键法则:**我们能否获得幸福,取决于我们能否亲近对的人、远离错的人。**

《寻找你的维他命人》[2]讨论的是人与人之间的关系。作为人

---

[1] 原版书名为 *Cómo hacer que te pasen cosas buenas*。——编者注
[2] "维他命人"是作者提出的一个概念,指的是能够促进他人分泌催产素、缓解他人的紧张情绪的一类人。由此拓展开来,书中还对"维他命父母""维他命患者""维他命工具""维他命疗法"等做了相关阐述。——编者注

类，我们生来就是群居生物，需要不断与他人接触、交往，产生感情。我们是社会人①，与他人建立联系是我们的天性。

即使是最美好的关系也存在瑕疵。如果我们不懂得好好经营关系，它就会变成痛苦的根源。为什么有些人总是处在复杂而痛苦的关系中？依恋和连接真的像人们说的那么重要吗？为什么有的人就是比别的人看上去更可靠？在信赖、依恋和爱的背后，是否有某种生物化学成分在起作用？我们对孩子的教育是否会影响他们未来的择偶标准？我们如何与他人建立联系？为什么有时候别人会让我们痛苦不堪？为什么我们能迅速跟某些人打成一片，却从一开始就对另外一些人感到反感或者不信任呢？我们应该如何处理一段有毒的关系？如何找到正确的伴侣？

新冠肺炎疫情使我们开始正视这些问题。实际上，隔离正是造成大量心理问题的主要原因之一。因为隔离，我们无法和别人交往，无法互相触碰，无法拥抱；戴着口罩，我们无法看到彼此的面孔和表情，因而无法感知对方的情绪；我们无法像以前一样享受与他人面对面交流的时光……这些变化对我们的心理健康有很大损害。人际关系会滋养我们，也会伤害我们，让我们感到脆弱。因此，了解关系如何影响我们至关重要，这也是我想在本书中强调的。我们的生活质量很大程度上由我们与他人的关系决

---

① 指具有自然和社会双重属性的完整意义的人，与"经济人"相对。——编者注

定。我们爱与被爱的能力越强，我们的生活质量就越高。

我会尝试解答人们始终关注的一些经典问题：为什么有时候我们会对某个人很信任，而对其他人缺乏信任？当我们觉得一个人面善的时候，我们的大脑激活了什么成分？当我们面对让自己感到焦虑或者不舒服的人时，我们的身体又产生了哪些变化？

上述问题接下来我都会谈到。这是一个宽广而错综复杂的领域，每个人的生命历程都是独一无二的。但正如我在第一本书中着重阐述的，**理解是减轻痛苦的开始**。与自我和解能让我们非常释然。当一个人能做到自我理解、自我接纳时，就能够忘记遭受过的痛苦和创伤，变成更好的自己。你将从本书中获取一些知识，从而更好地理解你和父母、兄弟姐妹、伴侣、子女、朋友、同事等人之间的关系，更好地理解你和你所处的社会环境的关系。

♥

亲爱的读者，你将开启一场激动人心的人生回顾之旅——从你被孕育的那一刻到现在。我希望你能掌握并理解你是如何与别人建立联系的。

一个初步的介绍：催产素

首先，我想向你介绍人生旅程中非常关键的一种激素：催产素，它负责促进分娩和哺乳。近几年来神经科学领域取得的进步令人赞叹，我们已经明确这种激素对行为和健康的许多影响。当我们得到他人的信任时，身体中的催产素水平会升高，我们会表现得更慷慨、更专注。

《如何让好事发生在你身上》主要讨论的是皮质醇，而本书将从神经科学、心理学和人性的角度来讲述**激素、依恋和爱**。

我写这本书的时候正在休产假，又赶上新冠肺炎疫情和风暴"菲洛梅娜"——如果1月的上半月你不在西班牙，你大概不知道风暴"菲洛梅娜"是什么。那是一场持续多日的大雪，伊比利亚半岛的大部分地区都变成了白色。写作本书时，我的四个孩子一直围绕在我身旁，争夺我的注意力。种种不利因素让这本书多有瑕疵，但是它胜在诚恳真挚。

我建议你把整本书从头读到尾，因为每个章节都会让你有所收获，每个板块的主题都可能吸引你，对你有所启发。当然，你也可以从目录中找出你最感兴趣的主题，直接为你生活中遇到的问题寻找答案。

书中的内容将帮助你理解自己。那些不去尝试理解自己的人，无法真正治愈他们生命中的伤痛，而且会不断陷入不适合自己的关系之中。

小提示：

·如果你想了解友谊、母性和爱情背后的生理学和生物化学原理，请从**催产素**相关章节开始阅读。

· 如果你想解读自己的经历，治愈过去的创伤，理解你与他人的关系，**依恋**板块会给你很大的帮助。

· 如果你想知道我如何应对痛苦和创伤、内在的声音和心境障碍，推荐你先读读**维他命疗法**章节。

· 如果你想梳理你的亲密关系，解开关系中的难题，**欢愉与爱情**板块会给你一些启发。

· 假如你已为人父母，想在这个重要的人生阶段做到最好，我推荐你读一读**依恋**板块。

· 假如你正在和有毒的人一起生活，他们让你心烦意乱，我希望你读一读**有毒的人**板块。

· 假如你想知道击溃你、将你拖向深渊的内在的声音从何而来，我邀请你读一读维他命疗法章节中的"留声机"相关内容。

· 假如你想了解21世纪的性和欢愉，推荐你读一下**欢愉与爱情**板块。

· 假如你与父母的关系对你产生了负面影响，一定要读一读**依恋**和**有毒的人**板块的相关章节。

如果你对很多主题都感兴趣，那么不妨从头开始阅读。每个板块都是有针对性的，章节的顺序也是经过深思熟虑决定的。

不论怎样，谢谢你信任我。有的片段会让你会心一笑，有的会触动你，或者引发你的思考。或许有的内容对你来说很遥远，因为你还没有触及相应的人生领域。不论你有什么样的人生经历和故事，我都真诚地希望本书能对你有所帮助，让你找到你的**"维他命人"**，激励你改善你最复杂的人际关系。

希望你能成为你身边人的维他命人。

玛丽安

2021年1月10日于马德里

拥抱激素

♥

有时候/触摸皮肤就像

把云雾缠绕在指间一般/甜蜜

就像抚摸水/若即若离

而水却像大地本身/冰冷而有活力。

——豪尔赫·德布拉沃（Jorge Debravo）

影响我们幸福感的两种激素：催产素与皮质醇

你可能听说过催产素，它是女性生育过程中非常重要的一种激素，在怀孕、分娩、哺乳和性交中发挥着必不可少的作用。催产素是一种肽类激素，在下丘脑合成后，由垂体后叶分泌。

当孕妇的羊水破裂时，身体会释放大量催产素，促进宫缩。很多即将生产的女性都会借助人工催产素进行催产。

这种激素也和哺乳息息相关。对乳头的刺激使催产素释放到乳腺组织中，促进乳汁分泌。另外，催产素还在性关系中发挥着积极作用，促使人们从爱抚等性行为中获得更多的幸福感和快乐。

♥

在所有分泌催产素的时刻，人类都在增强彼此间的连接。

我是在读医学院的时候知道这种激素的。我听过各种理论，但是一直没有对这个主题进行深入研究，直到发生了一件事，我才意识到催产素将会成为我接下来研究和讲座中的一个重要主题。

当时是冬天，我刚生完孩子几个月，正在逐渐恢复工作状态。那天我受邀参加一个精神病学会议，会上要介绍一种新的药物。会议地点定在马德里市中心的一家酒店，我开车过去参会。

我把车停在一个车位很狭窄的停车场，每次在那里停车对我的车技都是一个考验。

会议一结束我就离场了，因为我的儿子还没有断奶，我要赶回家给他喂奶。

那天下午，停车场的照明出了问题，灯光比往常要暗很多。朝车位走过去的时候，我隐约注意到附近的一个高个子男人一直在看我。他跟在我身后，还嚷嚷着让我把手机给他。我的心开始怦怦直跳，此时此刻，皮质醇入侵了我的身体：我全身的警戒系统都开始工作，心跳加快、呼吸急促、浑身冒汗……我无法思考，感到焦虑又紧张，只想马上跑掉，可是我当时在地下停车场的负三层。

我一边在包里摸索车钥匙，一边告诉那个人离我远点。这时他开始靠近我，并大声呼唤他的同伙。趁这个机会我赶紧上了车，飞快地把车开出车位，甚至都不记得当时是怎么发动汽车的,而且奇迹般地没有中途停下来打转向,把危险远远甩在了身后。

回家的路上,我的心一直剧烈地跳动,我感到不安和害怕,久久无法平静。

危险已经过去了,一个声音(理性的自我)好像在对我说:"你非常清楚你现在已经安全了,试着放松下来!"但是我做不到。我丈夫当时正在上班,我打电话给他,他试图安抚我,但是没有什么用。

我到家的时间比往常晚了一些。还没出电梯,我就听到了儿子的哭声。当我坐下来给他喂奶的时候,我的心还揪着。几分钟之后,我丈夫冲了进来。他进屋的时候明显有些惊慌,看到我没事他才放下心来。等我慢慢把事情的经过讲给他听时,我的声音已经不颤抖了,此时距离我在车上给他打电话才过去不到20分钟。

"你是怎么镇定下来的?"他很惊讶地问我。

的确,我的心跳已经恢复了正常的节奏。我感觉好多了,甚至有些过于平静了,仿佛喝了镇静剂。我很了解我的体质,经常认真分析我每一次的行为变化。几分钟前我体验到的那种焦虑感本应该持续更长的时间。当我变得警惕或者放松下来的时候,我通常是有所觉察的,但是这一次,我不明白我是怎么镇定下来的。

那一刻，我望着正在安静吃奶的儿子，突然想到："要是催产素能降低皮质醇水平呢？"喂完奶，把孩子放回床上，我打开电脑，开始阅读我订阅的一些科学报告。一个激动人心的世界向我敞开了大门。

当催产素水平上升时，皮质醇水平会下降。

从那天起，我一直在关注关于催产素（也被称为爱情激素或者亲密激素）的最新研究成果，尤其是关于催产素与皮质醇、睾酮、多巴胺等其他激素之间的联系和相关性的。

越来越多的研究开始聚焦于这个主题。接下来，我要跟你分享一些对健康非常有益的概念和观点。不过在这之前，有必要简要回顾一下我们的老朋友：皮质醇。

我们的老朋友——皮质醇

理解皮质醇的生理机能和功效，对理解催产素在人类关系中的作用至关重要——皮质醇也是《如何让好事发生在你身上》中重点阐述的概念。

皮质醇是压力激素，一般会在我们感到紧张或受到威胁的时候分泌，作用是协助我们战斗或者逃跑，帮助我们面对风险和威胁。

当分泌皮质醇时,我们的身体会发生许多变化,为行动做准备。我们比较熟知的表现包括心动过速、呼吸急促、出汗和颤抖。而如果由于恐惧或受到威胁,皮质醇水平达到高峰,还会引发便秘或腹泻等消化问题、精神障碍、口干以及窒息感。

当你在大街上被人追赶,面对一场火灾,乘坐的飞机遇到了颠簸气流或者目睹一辆汽车飞快地向你驶来时,你会明显感觉到皮质醇在你的体内发生作用。除了这些特殊的场景,在工作和生活中,我们同样会在一些或大或小的时刻激活警戒状态,只不过没有前面例子中那么极端而已——比如每天早上碰到难缠的上司,和伴侣的关系出现问题,担心孩子,健康问题给你的内心蒙上阴影……

皮质醇是一种周期性激素,它的分泌通常和光照的节奏一致:它在我们早上醒来时分泌较多,一定程度上有助于我们兴奋起来;一天之中皮质醇的水平会逐渐降低,到了晚上略有增加。

说到这里,我需要再次强调一个事实:我们的大脑和身体无法分辨真实的危机和想象出来的危机。无论面对的是真实存在的危险还是只存在于大脑中的危险,身体的反应都十分相似。我给你们举一个例子。

假设你手头拮据的时候正好收到孩子学校催缴学费的通知,这种紧张而焦虑的状态会使皮质醇水平达到峰值,接下来的几个月，你会因为担心再度缺钱而陷入恐惧或焦虑。这种心态带来的生理影响与问题实际发生时你的感受是相似的。

皮质醇会影响身体的多个系统。皮质醇水平突然升高，身体做好逃跑准备，血液从肠道流向牵引肌，帮助我们增强躲避或防御能力。这就是为什么焦虑的时候我们通常没有胃口吃东西。你的肌肉组织会接收必要的信号（神经信号和生物化学信号），为逃跑或者战斗做准备。

皮质醇能帮助氧气、葡萄糖和脂肪酸完成它们各自在肌肉中的功能。心跳加速促使心脏更快地泵血，促进血液和营养物质向肌肉传输，这样肌肉面对突发威胁时才能快速反应；另外，皮质醇会抑制胰岛素的分泌，促使葡萄糖和蛋白质释放进血液中；皮质醇也和免疫系统有关系，它会抑制炎症。面对压力，身体会按需分配能量。免疫系统需要大量的能量，这就是为什么当你生病的时候，你会感到疲倦。很大程度上，那些能量正在被你的防御系统输送和使用。

♥

皮质醇是一种对身体非常重要的激素，不过如果皮质醇分泌过量，对身体是有损害的。

长期处于焦虑、彷徨和巨大的忧虑中，会导致身体皮质醇中毒，也就是血液循环中的皮质醇水平过高。皮质醇中毒会改变免疫和炎症系统的应答。一个人如果长时间生活在压力或者紧张状态中，体内的皮质醇长期保持在较高水平，身体调理炎症的能力就会下降，难以抵御威胁，所以，长期承受较大压力的人很容易感染疾病。

连续加班几个星期之后，一休假就病倒，这是很多人都有过的经历。长期经受压力的身体更容易患上感冒、尿路感染和肠胃炎等疾病。这种轻微程度的炎症往往是很多炎症性或自身免疫性疾病的根源。

压力重重的大脑容易发炎。实际上，关于抑郁症的最新研究将这种紊乱视为大脑的一种炎症。我认为这个研究领域充满前景。针对个别难治性抑郁症[①]病例，我会申请做血液检查，就是为了从炎症着手，改善患者的精神状态。

市场上已经有一些抗炎食谱、补剂，甚至有一些专门用来改善抑郁症状的消炎药。

当代生活充满炎症

"发炎"的人到处都是。当我们的皮质醇水平过高时，机体就会处于混乱状态，身心都会受到影响。身体层面上，皮质醇水

---

① 指经两种或两种以上化学结构不同的抗抑郁药足量、足疗程治疗，仍无效或收效甚微的抑郁症。——编者注

平过高会引发脱发（甚至秃顶）、眼球震颤、多汗、感觉异常、胃肠功能紊乱、各种炎症性疾病（胃炎、扁桃体炎、关节炎……）、肌纤维疼痛综合征、皮肤变化（酒渣鼻、皱纹……）、甲状腺问题……甚至还会引发不孕不育。皮质醇和生殖系统息息相关，这就是为什么压力会改变女性正常的生理周期，影响其生育能力。

从心理层面而言，皮质醇水平过高也会给人体带来显著改变，常见的问题包括入睡困难、睡不安宁、睡眠过程中反复惊醒以及起床后感到疲倦等；它还会导致情绪紊乱，比如易怒、焦虑甚至惊恐发作。假如压力一直得不到缓解，身体持续处在警戒状态，人就可能会抑郁。

有时这种抑郁状态只是生理上的，也就是"正常的"。我们都有和消耗我们能量的东西做斗争的经历，当问题最终解决时，我们会进入一种悲伤和麻木的状态。这是身体在自我修复的一种正常反应。然而有时候，这种沮丧会加剧，我们会一再陷入消极情绪，难以解脱。当抑郁的征兆显露时，有必要及时向专业人士寻求帮助。只有了解大脑如何应对各种生活变故，当我们的情感世界出现风波时，我们才不至于感到困惑。

我们回到皮质醇水平过高的问题。它还会带来认知的变化，轻则导致注意力不集中，重则引发记忆力问题。

海马（与学习记忆有关的端脑内原皮质结构）对皮质醇水平的提升很敏感，所以在我们感到最焦虑的时候，记忆力也会出岔子。另一方面，在我们艰难对抗压力的时候，大脑只会致力于解决它识别到的具体难题，而无法深究根源，掌握细节，当然也无法采取具有更长远意义的行动。在这种状态下，我们的工作效率会降低，我们对日常生活细节的观察力也会变差。无论从智力上还是从情感上，我们都会变得比往常迟钝。

此外，我们的行为也会发生变化。高皮质醇水平会使人变得不合群，对社交缺乏兴趣。疫情期间，西方国家经历第一个隔离期时，所有人都被关在家里，大街上空荡荡的，信息闭塞、对未知充满恐惧、人际交往骤减，导致了历史上最严重的一次"皮质醇冲击"。之前人们从未经历过类似的事情。等到隔离期结束，在家里关了几个月、心中充满恐惧和不确定性的人们终于获准外出时，发生了什么呢？许多人不肯出门。这种现象被称为"幽居综合征"（cabin syndrome）。他们习惯了隔离生活，经常感到不安和恐惧，只有跟家人在一起时才有安全感，因此选择闭门不出。一年之后，有些人的精神状态仍然受到过去隔离生活的影响，有的人受到的影响甚至是不可逆的。

❤ 吉尔的故事 ❤

有位名叫吉尔的年轻男子，婚姻幸福，儿女成群。吉尔很爱他的妻子和孩子们，把自己有限的空闲时间都奉献给了家庭。他事业有成，在工作中很受青睐，可是最近这段时间因为工作负担过重，他感到压力很大。他发现自己受到的压力逐渐体现在身体上——嘴唇上反复起泡，肌肉痉挛，甚至因为剧烈的腰痛无法下床走动。

妻子很关心他，担忧他的身体问题。她觉得吉尔总是工作至上，从来不会拒绝客户的需求，频繁加班。妻子抱怨说，每天吉尔下班回到家都累得不想说话，只能亲亲孩子们，吃晚饭，然后看看不费脑子、剧情平淡的电视剧和电影作为消遣。他变得越来越容易发火，日常生活中鸡毛蒜皮的小事都会让他火冒三丈。

吉尔其实是"皮质醇中毒"了。他已经连续几个月生活在高度警戒的状态中，他的大脑和身体都在给他发送警报，提醒他调整生活状态。

吉尔已经注意到了这些信号，于是他迈出了改变的第一步。他调整了自己的优先级，同时调整了生活节奏，学会了在工作日适当停下来休息，拒绝过量的工作。他开始定期去做背部理疗，减少工作时长，要求自己每天必须陪妻子和孩子说说话，哪怕只有几分钟也好。他还挤出时间和妻子进行了一次浪漫的短途旅行，呼吸新鲜空气，激发新的活力。与此同时，妻子也做出了调整，在他精疲力竭地回到家时，尽量体谅他，而不是挑剔他。当一个人正处于人生中的低谷时，身边的人应该给予支持，而不要对他提出过高的要求。这个故事告诉我们，生理上的压力并不是坏事，而是身体在面临威胁时产生的自然反应。不论我们面对的威胁是真实存在的还是臆想出来的，在危急关头，它对生存而言是必不可少的。但是，当威胁不复存在之后，如果我们的身心仍然持续感受到危险和恐惧，那就会对身体产生危害。

如果一个人在童年时期遭受过性侵，或者频繁受到周围人的言语或肢体攻击、校园霸凌等，留下了创伤，那他成年后就更容易产生情绪障碍、炎症和自身免疫问题。从某种程度上说，他的警戒状态似乎被激活后就一直没有解除，而是长久地潜伏在身体中，由此导致的心理、生理和行为上的后果直到成年后才能被觉察。

在接诊时，我观察过很多来访者。有的人依恋关系受损，有深深的童年创伤，出现了严重的躯体化症状。我意识到他们人生中大部分时间都处于警戒状态，这对身体和精神都造成了很大消耗。我治疗的目标就是帮助来访者抚平这些创伤，平衡炎症水平，改善情绪状态。

维他命人对促进催产素的分泌、缓解紧张情绪有极大帮助。当一个人处于困境中时，一个真心的拥抱就能够降低他飙升的皮质醇水平，一个信任的眼神就能够鼓舞他战胜困难，一句鼓励的话语就能缓解他孤立无援的感觉。

纵然生活艰难，但是我们拥有许多美妙的工具，可以帮助我们减轻痛苦。

❤

维他命人和催产素会帮助我们渡过重重难关。

对激素决定论说"不"！

神经科学为人类行为和心理做出了越来越多的解释。我们只有对做决策的内部流程（或者步骤）有充分的了解，才能改善行为。只有了解催产素的特殊性以及它跟其他激素的相互作用，才能理解为什么面对生活中的不同事件，我们会做出不同的反应。

关于催产素水平对决策的影响的研究，已经取得了长足进展。保罗·J. 扎克（Paul J. Zak）是专门研究经济、商业和情感之间关系的美国经济学家，他认为自己实际上是神经经济学家。在他的职业生涯中，他进行了多项关于催产素的实验，取得了一系列研究成果。他的工作聚焦于经济学以及催产素对经济行为的影响。然而，从他几乎每年都在发表的新成果来看，我们很快就要落入把人类行为简化为一系列数学模型的陷阱，对我来说这是不准确的，而且与我对世界、对人类和生命的理解相悖。

我想强调一点：我们必须避免决定论[①]。许多复杂的生化过程在我们的体内持续而无意识地发生着，对我们的决策、人际关系和情绪发挥着至关重要的作用。比如说，某种特定激素的减少引发的生化失衡会在一定程度上破坏我们行为的中立性，但不会以决定性的方式制约我们的行为，除非是在非常极端的情况下。

我们的思想、精神、灵魂，构成了我们这个人，让我们自主地做出决定，而这些决定反过来又会决定我们成为什么样的人，以及与周围的人形成怎样的关系。所以，我们不是生物化学的奴隶。幸运的是，作为个体，我们是自由的，不会像皮质醇或催产素水平一样被轻易操控。

> 激素能够影响但不能决定我们的行为。

我们拥有意志力和智慧这两种强大的工具，帮助我们管理冲动和不良倾向。多亏了它们，即使我们被某种东西强烈吸引，如果当下的时点不合适，我们也能够克制自己，先去完成更重要的事情。延迟满足的能力由前额叶皮质决定。我们应该锻炼和强化

[①] 心理学中的决定论认为，人的一切活动都是先前某种或几种原因导致的结果，人的行为是可以根据先前的条件、经历来预测的。——编者注

这种能力，因为它最终能使我们获得自由。

我父亲总是反复念叨，"意志力是行为王冠上的宝石"。有意志力的人会比聪明人走得更远。把时间倾注在什么事物上是由我们自己决定的。我们不能成为欲望或者激素的奴隶，而是应该学会驾驭它们，成为最好的自己。

我们的个人经历与身体、思想和灵魂发生生化反应，彼此适应，最终让我们变成了现在的样子。

作为精神科医生，我的主要工作是帮助那些在情感上受过伤害并因此痛苦不堪的人。我除了需要储备科学知识，学会倾听和共情，还需要具备宽广的视野，这样才能在来访者面对悲伤、痛苦、缺乏爱、孤独或死亡等重大的人生主题时，更对症地引导他们，帮助他们找到人生的意义。医生的治疗方法将在一定程度上影响治疗的效果。

自古以来，哲学家、神秘主义者、思想家和医生都曾试图解释人类的行为，各种观点层出不穷，我们可以从中提炼出一些基础扎实的概念。

第一，正如两千多年前亚里士多德说过的："从本质上讲，人是一种社会性动物。"我们都非常清楚，我们需要社交生活，我们的居住环境正变得越来越城市化。只要看看居家隔离对我们造成的巨大心理伤害就能明白。

现代人的生活是一种社会生活，涉及多重人际关系。孤立地看待个体，会使人陷入还原论①的误区。正确的方法是把个体放置在社会关系中看待。

在我和来访者进行第一次面谈时，我通常会跟他谈论他自己，他的感觉和遭遇；到了第二阶段，我会询问他与其他人的关系，包括伴侣、父母、朋友、同事等等。很多时候，他的种种表现都能直接从中找到根源。

第二，英国哲学家托马斯·霍布斯引用了古罗马喜剧作家普劳图斯的一句话："人心狠，人吃人。"人与人会为相同的资源而竞争，竞争就会产生攻击性，不过大多数人也能做到团结协作。

我们必须在社会中生存，天性促使我们照顾他人。我们有必要继续深入研究催产素在实现人类伟大目标的过程中发挥的作用。

---

① 还原论认为，人体就是各部分和系统的简单总和，每个部分都独立于其他部分和系统发挥功能。——编者注

2
改善身体炎症的迷走神经

催产素最有趣的一点在于,它不仅能促进生育,在共情、信任、利他行为等方面也发挥着作用。因此,这种激素不仅能够帮助女性把孩子带到这个世界上,并在她们产后的最初几个月里促进乳汁分泌,也在家庭、社会、职场等人际关系中起着至关重要的作用。

催产素被分泌出来后,会在血液中循环,"灌溉"身体的各种组织,使人感到镇定、平静,产生更强的共情能力。

负责情感和社交的大脑区域——杏仁核、下丘脑和亚属皮质(负责让你判断而不是帮助他人的区域)以及嗅球——都密布着催产素受体。催产素产生的效果全身都能感受到,特别是当它与心脏、迷走神经的受体结合时。受体数量越多的部位,对血液中激素水平的上升越敏感。

♥

迷走神经支配心脏和肠道,在人体中发挥着重中之重的作用。

迷走神经：这个神经不太懒[①]

我们的心脏每天要跳动大约15万次，然而我们感觉不到，也不会特意去关注。肝脏在运行，肾脏在为血液解毒，肠道在吸收营养，而肺部负责呼吸……人体的器官各司其职，在不知不觉中和谐有序地运转着，而这一切的背后是谁在操控？答案是自主神经系统。它负责控制肺、支气管、心脏、不随意肌、肝脏、胃、肠道、胰腺和肾脏等。

自主神经系统有两种工作方式：

· 通过交感神经系统工作。当我们受到威胁或者有所警觉时，我们熟知的皮质醇能够激活交感神经系统。

· 通过副交感神经系统工作。极度紧张或焦虑之后，副交感神经系统能使我们放松下来、恢复力气、重建防御、平稳情绪。

迷走神经像行动指挥官一样掌管着副交感神经，因为迷走神经包含75%的副交感神经纤维。迷走神经会将人的状态信息直接传递给大脑，发出危险已经过去的信号，于是心脏相应地降低跳动的频率，呼吸放缓，消化进程重新启动。也就是说，我们可

[①] 迷走神经（nervio vago），vago 字面上有"懒惰、闲散"的含义。——译者注

以开始休息，恢复日常活动了。迷走神经也叫肺胃迷走神经，它是十二对脑神经中的第十对，也是我们体内最长的神经。它从延髓出发，一路向下，穿过咽部、声带、食道、喉部、气管、支气管、肺、心脏、胆囊、胃、胰腺、肝脏和肾脏，最后到达肠道，对肠道中的微生物群产生重要影响——微生物群是寄居在体内（主要是消化道中）的微生物的总称，其构成主要由人的饮食、习惯、压力和服用的药物决定。

我们已经认识了肠道和大脑之间重要的沟通渠道。实际上，肠道越来越被科学家视为第二个大脑，因为它被强大的神经网络覆盖着，通过迷走神经以及能够释放激素和神经递质的细胞因子与大脑之间相互发送和接收信号。

这是个激动人心的话题。在治疗中，我经常会在处方中加一些益生菌，用来改善患者消化系统和心理上的症状。

迷走神经最重要的一个功能是显著影响人体内的炎症过程。此外，它还能激活脑源性神经营养因子（BDNF）——这种物质对强化神经连接和巩固记忆发挥着必不可少的作用。由此可以得出一个结论：如果我们能健康膳食，学会正确呼吸，管理心率，我们就能更好地控制情绪、思想和直觉。

我们的身体能感受到催产素的效果，不过催产素最重要的作用还是体现在它与心脏、迷走神经的受体结合的时候。当我们刺激迷走神经时，我们就会分泌催产素，身体、心灵、行为的一体性就会得到加强。但是,当可怕的压力一直得不到缓解,压抑难熬的生存模式一直存在时,会怎么样呢?假如我们的身体长期处于紧张状态,我们就有患上炎症的风险。高皮质醇水平对身体十分有害,会改变我们的免疫系统,损害身心健康。

迷走神经还能减轻炎症,保持身体的平衡状态(所谓的"体内稳态")。它还能刺激如乙酰胆碱、γ-氨基丁酸(GABA)和去甲肾上腺素等其他成分的分泌。

迷走神经传递信息借助的神经递质是乙酰胆碱,它具有非常重要的抗炎功能。这也是迷走神经能指挥身体内炎症系统的原因之一。时至今日,它的调节功能能够预防或者缓解许多常见的紊乱:炎症、偏头痛、过敏以及心脑血管疾病……当迷走神经无法正常工作时,身体可能难以恢复平静,人就更容易感到压力和焦虑,并发展出炎症。

迷走神经张力降低是怎么回事?

如果迷走神经无法完善地发挥功能,我们就说迷走神经的张力降低了。迷走神经缺乏张力的人总是处于压力和紧张的状态中,无法轻易放松下来。

这种人出现的症状包括:
· 消化问题,从吞咽困难到便秘或胃轻瘫。

- 情绪紊乱，如焦虑和抑郁。
- 自身免疫性紊乱。
- 炎症。
- 糖尿病。
- 偏头痛。
- 肥胖。
- 血压变化。
- 最新研究表明，迷走神经张力降低和阿尔茨海默病有一定的关联性。

如果我们能够了解并掌握迷走神经的工作原理，就能帮助身体从交感神经模式（警戒模式）切换到恢复阶段。

当迷走神经运转正常，也就是迷走神经张力高的时候，我们对压力的掌控能力就更强，更容易放松下来，并能够拥有更亲密、更积极的人际关系。

如何调节"共情神经"？

呼吸是促进迷走神经发挥最佳功能的机制之一。当我们受到威胁时，身体的第一应对措施是过度呼吸，使氧气进入肺部。当呼吸变得短促而频率加快（浅而急促的胸式呼吸）时，就会出现问题。由于摄入的氧气量超出人体所需,我们会产生头晕、窒息、视线模糊等反应。学会有节奏、有意识地呼吸(缓慢的腹式呼吸),有助于放松肌肉,调动其他辅助呼吸的肌肉,激活迷走神经。

但是呼吸不是激活迷走神经的唯一方法,以下方式同样有效。

·使用冷水。用冷水洗手、洗脸,或者好好冲个澡都有效果。洗完澡,用冷水冲一下头部和颈部。你的第一反应可能是惊吓,甚至是难受,可能还会因为骤然遇冷而呼吸变得急促,这时你要有意识地进行深呼吸。

·唱歌。声音的振动会刺激人脑,那是迷走神经经过的地方。

·大笑。和维他命朋友们来一场聚会,欢声笑语会让你在情绪上和生理上产生实实在在的幸福感。

·调整睡姿。右侧卧位可以提高迷走神经的张力,因为这个姿势能使呼吸更加顺畅,从而让你更好地控制呼吸。

·冥想或祈祷。这样做能使我们从压力中解脱出来,有助于我们触及生命的真谛,获得内心的平静。

·有些益生菌已经被证实对某些紊乱具有治疗效果,比如鼠李糖乳杆菌。

·摄入 ω-3 脂肪酸中的 DHA(二十二碳六烯酸)。

·反射疗法可以通过调节迷走神经来降低交感神经的兴奋度。

目前已有心血管疾病患者通过反射疗法降低了动脉压。

·越来越多的研究表明,针灸也能提高迷走神经的张力,并有助于缓解紧张情绪。

·深层颅骨触压疗法对处于警戒状态的人非常有效。

曾经有一位患者经历过一次事故,一直处于高度警戒状态,变得脆弱易怒。我帮他进行了完整的心理治疗,然后把他介绍给了我很信任的理疗师劳尔,他是应对这种症状的专家。几个星期后,患者的状态有了明显的改善。患者的情况各不相同,但是我始终认为,身心调理务必同步进行。这种疗法对患者非常有益。

·如果出现了某种确定与迷走神经张力低下有关的疾病,可以进行"迷走神经刺激"(vagus nerve stimulation,简称VNS)来激活患者的神经纤维,使其更好地发挥作用。

·找到能滋养你的维他命人。我真的相信这样的人具有较高的迷走神经张力,能够缓解我们的紧张状态。或许这就是为什么迷走神经也被称为"共情神经",因为当它和维他命人建立联系,让人产生共鸣时,它就会被激活。

3
共情，一种维他命工具

一个生物化学信号

共情是一种美妙的人类品质，指的是设身处地地为他人着想、与人产生心理上的共鸣、感知他人喜怒哀乐的能力。当我们遇到痛苦的人并对他产生共情时，大脑会自动分泌催产素，激活热心慷慨的情怀。这就解释了我们看到别人受苦时的心情——"我真想帮他一把"。我们能够下意识地感受到这种需要，这是非常美好的。

当我们表现得慷慨而富有同情心时，身体就会分泌催产素。此外，在以下情境中我们也会分泌催产素：当有人需要帮助而我们感到自己被需要的时候；当我们进入一个友好、放松和值得信赖的环境中的时候。相反，如果我们感到所处环境是充满攻击性的、令人恐惧的和不确定的，皮质醇水平就会提升。

> 催产素是共情的生化信号。

我们已经认识了很多激素的功能。我并不想在这里普及内分泌知识,不过,了解各种激素的功能会让你对人类的行为有更深刻的理解。

- 皮质醇:在人感到压力的时候水平会提高。
- 多巴胺:跟快乐和奖赏回路有关。
- 血清素:与快乐、性欲和幸福感有关。

催产素的释放会促进血清素的分泌,而血清素能帮我们减少焦虑,恢复平静。与此同时,多巴胺也会被激活,在我们体内催生上瘾反应,让我们想要反复做那些令我们感到快乐的事情。

我分析过自己的这类行为,我想举一个发生在我身上的例子来说明这一点。在疫情暴发前,我经常带着孩子们去超市,一个孩子坐在购物车里,另一个被我牵在手里。有很多次,我买的东西太多,只能一边吃力地推车一边照看手里牵着的孩子,这时总有好心人微笑着走过来帮忙,我对他们感激不尽。他们在看到我的困难处境后,体内分泌了催产素,所以愿意热情相助。同样,当我看到别的女性提着重物带着孩子时,只要我空着手,我一定会去帮她一把。我知道她的感受,因为我也体验过!

但是,假如在街上和我相遇的是一个满腹心事的人,会怎么样呢？一种可能是，他沉浸在自己的忧虑中，根本注意不到我——他的皮质醇水平较高，这使得他的注意力集中在烦心事上，无暇他顾。这不是自私，只是他的心思全在别的地方。另一种可能是，这个人正在承受着巨大压力，他的确看到我的窘境了，然而此时他心神不宁，无法伸出援手。皮质醇水平的升高抑制了催产素的分泌，从生理学上讲，他的思维没有和我的处境产生连接。还有一种可能是，跟我擦肩而过的路人不是多子女的妈妈，而是一个四十几岁没有兄弟姐妹和孩子的单身汉，没有和我相似的经历，那么他可能也会对我的处境视而不见。

想想你自己。当你压力重重、充满忧虑，处于高度警戒状态中时，也会很难留意到其他人的问题和困难——你的共情能力会降低。

皮质醇多多，烦恼多多；催产素降低，信心减少

催产素能够削弱杏仁核（大脑中负责调控焦虑的区域）的活动。这意味着患有焦虑症或者社交恐惧症的人如果能激活自身的催产素循环，就能缓解痛苦。

❤

催产素帮助我们缓解压力，让我们以更积极的心态面对生活。

举例来说，一位母亲在哺乳期①会感到幸福安宁；一个正在经历巨大痛苦的人突然得到了维他命人的温暖的拥抱，会觉得世界仿佛都变得更加美好了。

当我们承受压力或者痛苦时，如果身体能释放催产素，就能有所缓解。想象一下，你要当着很多人的面进行一场报告或者讲座，你觉得自己手脚发软，紧张得胃都要打结了。你体内的皮质醇水平在飙升，这时候你看到一张熟悉的面孔在朝你友好地微笑，为你打气。突然你的皮质醇水平开始下降，杏仁核冷静下来，你变得更自信、更镇定了。

通常，我们有办法让那些警戒信号失效，不过，了解催产素带给我们的好处有利于我们更快、更高效地摆脱紧张情绪。

当我们感到害怕时，来自维他命人的拥抱或安抚能有效减少恐慌，让我们以更自信的态度面对挑战。

了解这种心理机制有助于我们对许多局面和状况做出正确的解读。那些由于工作压力而活得忧心忡忡的人，还有那些因为恐惧和未知而驻足不前的人，他们无法分泌催产素，因此也无法产生共情。这一点从纯粹的进化论角度看，是有逻辑可循的。如果大脑感知到你正面临生存的风险，那么正确的做法是集中精力解

---

① 哺乳期的母亲会分泌大量激素，情感非常强烈。这段经历是上天赐予的礼物，但同时也会让母亲筋疲力尽甚至情绪崩溃。我建议产妇在分娩时要有家人陪伴，以便在生下宝宝后，有能力进行母乳喂养或者选择其他更适合自己的喂养方案。

除风险，而在这个关头，分散精力和能量去关注别人的情绪会极大地降低解决问题的效率。如果你正在大街上奋力奔跑，试图摆脱追赶你的人，你基本不可能注意到那个在教堂门前乞讨的穷人。这种生物化学机制在某种程度上解释了极端情况下个人的自私行为。正因如此，我们应该更加感激那些在这种情况下仍能关心他人的人。

是什么让我们保持警惕？

大部分让我们忧心、警惕、无暇关心家人朋友的事情都是不存在的，甚至完全是臆想出来的。

正如西班牙诗人圣特雷莎·德·赫苏斯所说，想象力是家里的疯女人，她口无遮拦，恣意捉弄我们，用不切实际的担忧占据我们的思想。"要是我被炒鱿鱼了怎么办？要是我丈夫出轨了怎么办？要是我儿子染上毒瘾怎么办？要是这个月入不敷出了怎么办？……"所有这些忧虑都会引发恐惧和不安全感，提升皮质醇水平。

在人生最艰难的阶段，当我们因为个人的事业、健康等问题而苦恼时，我们对他人的关心程度难免会打折扣，也会更难以对他人的情绪产生共鸣。

数字世界已经变成了源源不断的警报的来源。就连我们的手机屏幕上显示的推送通知也以此命名——"Alerts"（警报）。

大量新闻、通知和信息通过手机、电子邮件和社交网络轰炸我们，使我们的大脑不可避免地进入一种持续性的警戒状态。这就是著名的FOMO状态，即"Fear of Missing Out"（害怕错过消息）。"大家会喜欢我吗？大家会喜欢我的照片吗？世界上是不是出了什么大事？我应聘的公司有没有回复我？股市是不是涨了/跌了？……"不知从何时开始，我们的身体和情绪被手机里的推送信息牵着鼻子走。

我们变得沉溺于情绪，依赖情绪，只有在情绪的驱使之下，才会做出反应，采取行动。我们持续不断地感知刺激，因此对更微妙的信号和细微的差别越来越不敏感。我们在面对重大新闻或者强烈的刺激时才能做出反应，这种需求反过来会促使新闻的爆炸性不断增加，形成一种恶性循环。这也证明，越来越多的人，尤其是年轻人，无法在他们平淡的生活中得到足够的刺激，因而要通过越来越极端的方式来寻找刺激。情绪化和持续性的警戒状态可能会阻碍我们接触生活中重要的、本真的东西。

♥

在这样一个超数字化时代，过度依赖各种电子设备会削弱我们的共情能力。

催产素的分泌需要一个信号、一个外界刺激，这个信号源于我们对周边环境的感知：假如我们感到安宁、安全、被信任，与面前的人心意相通，身体就会分泌催产素。实际上，共情和信任是相辅相成的：如果你信任他人，你就能更设身处地地为他人考虑。

4
男人：睾酮水平高，催产素水平低

性关系

催产素与性关系有着密切的联系。男性体内的催产素负责让阴茎勃起和射精，而女性体内的催产素能增强兴奋感、收缩子宫，从而让精子更靠近输卵管，促进受孕。

在性行为过程中，身体极度兴奋，血流中的白细胞数量会增加，使身体免受病毒、细菌和有害微生物的侵害。

男性达到高潮时，体内的催产素水平会增加五倍。对女性而言，达到高潮所需要的催产素要多得多，这就是为什么女性更难达到这种极致兴奋、愉悦的状态。

高潮的瞬间，拥抱、性感带的摩擦、抚摸以及性关系本身带来的极致享受会激活大脑的奖赏区域，大量的催产素和多巴胺会被分泌到血液中。这两种激素协同工作，使我们产生愉悦感和被抚摸的需求，我们与对方的情感连接也会加强。

2012年，以色列巴伊兰大学的科学家在与耶鲁大学的合作中发现，在坠入爱河的阶段以及之后的六个月中，受试者的催产素水平明显提高。

❤

催产素和多巴胺能增进伴侣之间的感情。

经常发生亲密行为能巩固伴侣对彼此的爱意和热情。反过来，如果伴侣之间几个星期、几个月甚至几年都没有亲密接触，这对他们的关系势必产生负面影响。原因不仅仅是性行为的缺乏以及伴随而来的不满，从激素和生物化学角度来说，他们失去了在保持情绪平衡和维护伴侣关系健康中最重要的因素。没有充沛的催产素，没有令人兴奋的多巴胺峰值，没有性行为，就难以彰显联盟、合作和纽带的力量。

还有一种情况也值得一提。很多人纯粹是为了生理上的愉悦和别人发生性行为，完全无关爱情或承诺。超出我们想象的是，其中一方常常会迷恋上这种关系。原本看似愉悦而肤浅的纯粹的肉体关系，会在其中一方心里转化为更深层次的感觉，甚至可能转变为倾慕和爱情。

据统计，女性比男性更容易产生这种依恋——任何笼统的说法都存在局限性，但是大量统计数据、科学研究以及我个人的专业经验都表明，女性比男性更感性、更容易付出感情——至于原因，需要从生物化学和心理学两方面说起。

2019年，意大利神经科学家多娜泰拉·马拉齐蒂（Donatella Marazziti）在一项研究中提出，女性与男性相比，血浆中循环的催产素水平更高，拥有的催产素受体也更多。这或许是从纯粹的生理学角度给出了答案。而从心理学层面看，女性更容易动感情、更感性，一般来说，她们在爱情中会寻求更紧密的羁绊感。

还有另一重生理原因决定了女性更容易动感情，或者说，决定了男性更不情愿巩固和明确一段关系。这是另一种激素——睾酮在发挥作用，它也是人类关系中的一项决定性因素。

睾酮

睾酮是关乎男性能量和性欲的激素，是一种类固醇（属于雄性激素组），由睾丸间质细胞分泌。不论男女，体内都含有睾酮。女性体内的睾酮由卵巢内的一些细胞分泌，数量上远远少于男性体内的。

睾酮直接干预人体的肌肉量和骨密度，这就是为什么个别运动员和年轻人为了增加肌肉、提升运动能力而服用人工合成的睾酮：蛋白同化甾类。

男性体内的睾酮水平在30岁左右达到峰值，之后以1%的比率逐年递减。50岁以后，睾酮的水平会显著降低，因此男性的性欲、力量和精力都会相应减弱。

有趣的是，男性的前额叶皮质，也就是负责保持专注、控制冲动和集中注意力的区域，会在30岁左右完成最终的强化。假如我们在一个男性发育成熟的前额叶皮质中加入适量睾酮，我们会发现从这一刻起，他从冲动鲁莽变得做事更深思熟虑。在此之前，前额叶皮质的不成熟（即使只是部分的不成熟）加上高水平的睾酮，可以解释年轻男子为什么拥有发泄不完的精力。那么睾酮是如何影响我们的呢？

- 它决定了人的能量和攻击性。
- 它是性发育和性唤起的基础。医生甚至会为个别处于绝经期或者性欲低下的女性开具睾酮贴剂的处方。
- 它能提高个体的竞争力。
- 它与承担风险、对抗危险和威胁、勇敢地向他人伸出援手的行为有关。
- 它和肌肉的发育密切相关：一个人运动得越多，产生的睾酮就越多。对于睾酮水平低下的男士来说，多运动会有很大改善。
- 它能激活并驱动大脑中最原始的区域，也就是负责维系生存、延续物种的区域。

有些关于睾酮的资料十分有趣。比如，我是一个忠实的足球球迷。一篇很有意思的论文说到，当看到喜欢的球队输球时，我们的睾酮水平会下降，并在接下来几个小时中维持在较低水平；而当我们喜欢的球队赢球时，情况恰好相反。伴随球队获胜而来的高水平的睾酮和多巴胺，解释了为什么九个月之后当地甚至整个国家会迎来一波小小的婴儿潮。

睾酮和催产素呈现对立的关系。睾酮抑制催产素与其受体的结合，从而降低催产素的效果。也就是说，睾酮水平越高，催产素水平越低。

男人在结婚生子后，睾酮水平会下降。这是件好事情，因为他们的催产素水平会提高，使他们能够与孩子产生更多的共鸣。2017年6月发表在《心理神经内分泌学》（*Psychoneuroendocrinology*）期刊上的一篇研究中指出，已婚男性的睾酮水平普遍低于单身男性的。相反，离婚会导致睾酮水平相应地提高。

❤ 圣地亚哥的故事 ❤

故事的主人公叫圣地亚哥。他容易冲动，精力旺盛，总是性欲高涨，喜欢与人争辩和斗争。

"小孩子太烦人了！"他说，"要是我有了孩子，只有他们能陪我踢球的时候我才想和他们待在一起。"

我们见面的时候,他总是这样说!

过了几年,他有了一对双胞胎宝宝。没过几个月,疫情就开始了,他和妻子、孩子开始居家隔离。我当时觉得,他一定会被这种生活状态压垮。

等到我们再见面的时候,他笑容满面,不停地给我展示两个小家伙的照片和视频,还滔滔不绝地给我讲关于小孩子的趣事。圣地亚哥获得了天然的催产素,变成了一个充满爱意和关怀的父亲。

这一点非常重要。如果父母缺乏与子女共情的能力,甚至表现出伤害子女的言行,他们养大的孩子可能会遭受情感上的创伤。

现在不流行多愁善感

当体内睾酮水平过高时,男性会变得更冲动好斗,同时热心程度会下降,共情能力会变弱。

拥有权力、身居要职的人往往行事果决。这种类型的人不太会花时间从情感上分析团队成员。关于这个问题的研究表明,被注射了睾酮激素的人不太能解读周围人的情绪。他们很难换位思考。在分析他人行为时，他们习惯于贴标签，简单粗暴地给别人下定义，不会用正确的方式深入了解他人。

我想澄清一个问题：适当的压力和竞争不仅于健康无害，反而会发挥积极作用，提升人的表现。有益的压力能激活警戒状态，让人集中注意力。不过，长期持续的压力是无益的，会损害健康。

我认识的一些人，随着职位的升高和收入的增加，逐渐失去了对他人的同情心。

大学时我有一个好朋友，他搬到美国定居，后来升了职，担任公司的副总经理。他常常参加重要会议，来往的都是企业家和官员，总是出入高级餐厅，还经常出差。有一次，我到他所在的城市参加一个心理学会议，提前几周告诉他我的行程，想和他见一面。他说他很忙，于是我去了他的公司。他在公司楼下跟我待了不到十分钟，而且时不时地用手机回消息。我问他有没有女朋友，他意味深长地笑着说道："女朋友没有，但是女性朋友可太多了！"

他已经不再是我记忆中的那个人了。他发生了一些变化。我觉得很遗憾，因为我意识到我们之间曾经的友谊已经不复存在了。我把他的改变归因于他现在非常浮华的生活以及他的野心。又过了几个星期，我遇到了一些家庭变故，心情非常低落。如果是以前，他会表示关心甚至提供帮助。而那次我给他留言说了我的情况，他过了好几天才回复我。

几年后的一天早上，他突然给我打电话，告诉我他的父亲患上了严重的抑郁症。他在绝望之下向我寻求帮助。彼时他已经辞去了工作，回到西班牙照顾他的父亲。我再次见到他那天，他仿佛又变回了我多年前的好友。我为他父亲进行了几个月的治疗，他父亲终于康复了。而最重要的是，我的朋友也在慢慢地"痊愈"，他恢复了一部分他原本的性情。

我找机会和他心平气和地谈论起他在美国的日子。通过这些年学到的知识，我能理解他曾经因为升职后要树立权威、发号施令以及每天和各种重要人物来往而睾酮水平"飙升"，进而催产素水平下降。

是什么帮助我的朋友回归正常状态的？是他遭遇的痛苦。我曾反复提到，痛苦是有意义的。事实的确如此。当我们遭受痛苦时，我们才能对他人的痛苦有所体会。苦难会改变我们的心态。

当一个人经历过一段艰难困苦的时光后，他才能走近别人，才能更好地共情他人、理解他人。

直到几年前，感性还被认为是一种弱点。但如今，女性特质逐渐得到青睐，在生活中、工作中和各种决策的制定中，人们都开始重新认识到共情的重要性。情商和同理心会为你在工作中打开新的大门，为提高工作绩效和幸福感提供新的可能性。

5
分娩前后女性体内的激素变化

我们既相同，又不同

正如我们所知，女性身体中也含有睾酮。女性体内各种激素的水平会随着月经周期而变化，睾酮水平在排卵期达到峰值。在这几天女性达到性欲顶峰，生理上最适宜吸引异性、孕育子女。随着睾酮水平的升高，性唤起增强，受孕的可能性相应提高。

女性也可以拥有高水平的睾酮，而这样的女性通常更有掌控欲和竞争意识。问题在于，身居领导岗位的女性是天性好胜，还是内卷的环境施加的压力迫使其分泌出了多于常人的睾酮呢？

我很热衷于研读关于男性和女性大脑差异的学术文章，关注两性在哪些方面运转方式相近，又在哪些方面具有不同的行为和心理。我认为我们应该充分利用各自的优势，来了解我们的身体是如何运转的。

我很想就这个观点进行深入阐述，但是内容可能足够再写一本书了，所以在此我只描述男女之间的几个相似点和差异。

男性倾向专注于某个特定主题，而女性是收集信息的专家。

几千年来，人类的方方面面都在逐渐进化。从古至今，为了生存，我们需要在竞争中全力以赴。力量、攻击性和战斗是更符合男性睾酮的属性，而关怀、共情、维护人际关系是来源于女性催产素的特质，两种激素和情感协调配合，人们达到一种绝佳互补，从而确保种族的延续。

怀孕、分娩和产后期

我的一个好朋友在产后告诉我，她怀孕过程中遇到的最大困难是发现自己大脑的运转方式改变了。她是一位神经科医生，热衷于研究人类的思想，所以她的亲身经历引发了我们对这个问题的兴趣。

许多孕妇都感到记忆力变差、注意力下降。实际上是她们把注意力优先放在孩子身上，所以才会在处理其他信息时有遗漏和缺失。

2016年，巴塞罗那自治大学和海洋医院医学研究所联合发起了一项研究，旨在调查怀孕通过什么方式改变了女性的大脑，既提高了她们照料婴儿的能力，同时又没有损害她们的智力。科学家选择了25位女性作为研究对象，在她们产前和产后分别对她们及其伴侣进行了磁共振成像。同时还选择了17位未育女性及其伴侣作为实验对照组，对他们开展了为期5年的跟踪调查。

研究成果被发表在《自然–神经科学》（Nature Neuroscience）杂志上。实验发现，女性初次怀孕时，大脑前、后部皮质线以及前额叶皮质和颞叶皮质的一些特定区域（负责社会关系的区域）的灰质体积会减小。还有数据表明，这些变化会在产后持续存在至少两年。根据这项研究，我们可以通过扫描的图像来判断一位女性有没有怀孕过。

上文提到的灰质减少并不意味着认知功能的退化。这种现象和青春期的变化有点类似，它被称为"突触修剪"——神经元之间的连接被优化，不必要的连接被修剪，从而使大脑更好地运转。负责该研究的学者苏珊娜·卡尔莫纳（Susanna Carmona）称："这有助于大脑更加成熟高效地运转。"

这种变化就像是大脑为了更好地应对孩子降生而经历的一次重组，它能帮助新手妈妈掌握新生儿的需求，与孩子建立情感连接。这种本能常常会让母亲把新生儿的需求置于自己的需求之上。

❤

> 成为母亲会在女性大脑中引起持久的改变。所有的改变都以最大限度地保护和照顾孩子为原则。

作为精神科医生,产后抑郁症是我非常关心的问题之一。10%—20%的女性被诊断出患有产后抑郁症。在医院实习期间,我遇到过多个产后抑郁发作的严重病例,印象很深刻。从那时起,只要遇到处于孕期的患者,我就会认真分析她可能面临的压力因素,帮助她避免在生产后陷入抑郁。一个在日常生活中受到抑郁症困扰的女性,更容易陷入产后抑郁,所以必须格外关注她的精神状态。

2019年7月,路易斯安那州立大学生物科学系的辉山良一(Ryoichi Teruyama)教授在《科学公共图书馆综合》(*PLoS ONE*)杂志上发表了关于产后抑郁症的研究结果。他发现了一个长期以来悬而未决的问题的答案:催产素受体的表达发生改变,可能会引发产后抑郁症。导致受体改变的原因有很多,在生产过程中使用人工合成催产素进行干预便是其中之一。因此我更要强调对分娩的女性多加关怀。新手妈妈的抑郁症状会对她们与宝宝的关系产生重大影响,进而会影响正在形成的亲子依恋系统。

我们会逐渐看到:婴儿的降生不仅对母亲来说是生命中极其

重要的时刻，也是孩子人生旅途的开端。在生命的最初时刻，催产素发挥了什么样的作用呢？

与婴儿进行皮肤接触的重要性

我曾和伊博内·奥尔扎医生一起在医院轮岗，从他那里第一次听到了尼尔斯·伯格曼（Nils Bergman）这个名字。我被他的研究和实践领域深深吸引，于是做了一些深入了解。

伯格曼医生出生于瑞典，多年前定居南非。他从事围产期神经科学的研究，是世界上杰出的新生儿科专家。伯格曼医生在开普敦莫布雷医院妇产科工作时发现，母亲和刚出生的婴儿进行身体接触十分必要，会带来惊人的效果——降低新生儿的死亡率。这个结论是他在津巴布韦担任传教士医生时得出的，那里没有暖箱，他只能把刚出生的孩子放进母亲怀里。结果令他大吃一惊：这些婴儿的存活率比放进暖箱的婴儿的存活率高出50%！

伯格曼医生的工作重心是致力于新生儿生命之初几个小时内的神经和生理健康。他曾研究过医疗手段过度介入分娩造成的影响，认为那可能导致母乳喂养无法顺利开始。

最近几年，在分娩过程中使用人工合成催产素引发了一些争议。在有些情况下，有必要使用催产素促进宫缩；然而，伯格曼医生也提示了其中包含的风险：当使用合成催产素进行治疗时，身体中的部分细胞无法对这种成分做出正确回应，导致催产素受体被抑制，催产素的回路停止正常运转。有研究表明，在产程中使用催产素可能会对产妇的心理健康带来风险，这种情况在有心理疾病病史的女性中格外多见。

我认为这种风险应该引起重视。并不是说要杜绝使用合成催产素——毕竟它在有些分娩过程中是必须使用的，而是说要清楚它带来的风险，及时对产妇进行心理干预。具有心理疾病病史的女性在孕期和产后几个月内应该被密切跟踪随访。

伯格曼医生认为，生命最初的一千分钟对一个人来说有着奠定基础的意义。是母亲一直在和刚出生的婴儿交流，陪伴他从紧密包裹的子宫来到外面的世界。

分娩是紧张而激烈的关键时刻，过程复杂，充满压力。新生儿在某种程度上会认为自己将要去一个充满敌意、不安全的地方，从而出现皮质醇中毒。此时婴儿如果和母亲分离，就会产生一种有害的压力，生理和心理上都将受到伤害。在那些创伤性分娩的案例中，皮质醇受体基因被"关闭"，使受体被过度激活，因此必须设法让婴儿从警戒状态恢复到平静状态。

当分娩顺利进行时，婴儿更有可能与外界建立恰当的连接，并适当激活催产素受体。我们都知道被这种维他命激素的受体充斥的好处，婴儿更有可能因此成长为一个具有共情能力的成年人。重要的是让母亲在分娩之后和婴儿待在一起——越来越多的研究支持这一点。和母亲待在一起时,婴儿大脑中重要的活动被激活了——神经可塑性被激活:杏仁核与前额叶皮质之间的神经回路被连通。出生的头几个小时是婴儿情感发育的关键时期,母亲的陪伴能强化婴儿大脑中的情感连接。

> 刚出生的婴儿需要父母的陪伴和身体接触。父母的肌肤对新生儿来说是最天然、最符合生理需要的栖息地。

假如婴儿出生后母亲不在身边,父亲的存在也是有效的。我的分娩过程不太顺利,因此术后与孩子进行皮肤接触的步骤是由我丈夫完成的。男性的大脑对这种场合也很敏感,所以我强烈建议新手爸爸在场,与婴儿进行一开始的接触。

这样的亲密接触能促进催产素的分泌,有利于催乳。如果出于某些原因父母无法和婴儿进行皮肤接触,那也要想办法尽量不让婴儿觉得自己身处一个危险的、不友好的地方。所以,只要条件允许,我都鼓励产妇母乳喂养,但我知道,有很多变数让此事难以实现。在这种情况下,我建议父母在用奶瓶喂婴儿时,尽可能多与婴儿进行身体接触,给他唱歌、按摩或者讲故事。

我有一个儿子出生过程很不顺利,给我留下了深深的创伤。我深知皮肤接触的重要性,所以事先提出,孩子一出生就要放到我身边。在分娩过程中,因为我疼痛过度,医生只能把我麻醉,等我从麻醉中醒来时,孩子已经被放进了暖箱。我想看看孩子,但是医生说孩子需要稳定一段时间,因为他在出生时遭了很多罪。我从来没遇到过这样的事,难过地大哭起来,一直沉浸在无法抑制的悲伤和泪水中。我猜想药物的混合作用和产后激素水平的急剧变化也在推波助澜。那种心中一片空虚茫然的感觉真的很可怕。

我度过了像永恒一样漫长的几个小时。半夜护士来查房,看我疼痛是否有所缓解。我哭着求她让我看看孩子,我说我都还没有见过我的宝宝——我只看过他身上布满管子的照片——我说我疼得要裂开了。我告诉她我是心理医生,给她讲催产素、皮质醇、皮肤接触……我想那位护士一定对我的执着和痛苦感到震惊,她像天使一样,鼓起勇气在两名看护和我丈夫的帮助下把我放到轮椅上,推到了重症监护室(ICU)。

护士把暖箱的玻璃罩打开,我伸手进去抚摸我的儿子,这时我的眼泪奇迹般地消失了。我在暖箱旁待了好几个小时,不愿和我的孩子分开。

之后我被送回房间休息,但是没过几个小时我又开始渴望和他待在一起,泪水再次涌了出来。虽然我心里清楚孩子没有什么问题,但我就是无法平静下来。那天我大部分时间都坐在轮椅上,轻轻抚摸孩子的背。这对我的大脑和心灵都是一剂良药。没过多久我就开始分泌乳汁,于是我申请在重症监护室里哺乳。

这就是关键所在。一次创伤性分娩并不会影响一个人的一生。有的婴儿天生对创伤很敏感，也有的婴儿天生有较强的承受力，受到的不利影响较小。对母亲来说也是一样。有的母亲进入产房时满怀恐惧和痛苦，难以和即将出生的孩子心灵相通；也有的母亲不论当时的状况如何，都能在孩子一出生就与他建立起健康的情感连接。

新生儿学科仍有许多亟须解答的问题和需要填补的空白。如今我们已经了解，剖宫产无法像自然分娩一样引起催产素的增加，这就是为什么剖宫产产妇的乳汁分泌会推迟数小时乃至数天。

如果我们想加强与孩子的连接，增加催产素受体，抑制皮质醇的分泌，就要尽快和婴儿进行皮肤接触，这对孩子和母亲的大脑来说都是安慰剂。在条件允许的前提下，建议进行母乳喂养。如果无法实现，也要和婴儿保持身体和情感上的亲密互动：抱着他，为他唱歌、讲故事或者做轻柔的按摩——这些都有助于减轻婴儿受到的伤害。

母亲的气味和声音

你肯定看到过，有的小孩在奶奶、叔叔或者保姆的怀里哭得上气不接下气，但是一被妈妈抱到怀里就安静了下来。

这是为什么呢?《当代生物学》(*Current Biology*)杂志曾刊登一篇文章,达伦·洛根(Darren Logan)博士在文中写到,胎儿被包裹在母体的羊水中,能识别出羊水特有的气味。婴儿降生的时候全身都散发着羊水的味道,这也是他闻到的第一种气味。除了气味,声音对新生儿也至关重要。婴儿出生前已经在母体内听了9个月妈妈的声音,所以当他再次听到妈妈熟悉的声音时,就会笑得很开心。

从孩子很小的时候开始,不管是从生理上还是从天性上来说,母亲的怀抱就意味着安全的港湾。当母亲在身边时,孩子的大脑就会释放安宁的信号,在母体内舒适安全的记忆仿佛被激活了。

婴儿需要长时间的睡眠。在睡眠中,许多重要的神经元开始发生变化。有母亲的陪伴,婴儿就能睡得更香、更安稳——这一点我将在后续章节中进行详细阐述。

6
皮肤是爱的天然感受器

皮肤感受器

人们对触摸、爱抚、微风等的感知是通过触觉小体和环层小体等皮肤感受器传递给大脑的。这些感受器存在于身体的不同部位,它们负责捕捉温度变化、抚摸、捏掐、击打或衣服本身的纹理等任何与触觉或者热感有关的信号。

当感受器受到刺激时,信号会传到前额叶皮质,前额叶皮质会分析刺激的类型。女性的手指极其敏感,有人认为这是由于女性的手比男性小,感受器网分布更密集,感知强度更大。

触觉小体在指尖、口腔和舌头上大量存在,可以捕捉最细微的摩擦。而环层小体存在于皮肤深处,负责捕捉深压触感和振动,主要分布于手部和脚部,因此有助于觉察威胁。当我们拥抱别人时,我们感受到的压力是由触觉小体激活的。拥抱会使我们得到抚慰，降低我们的皮质醇水平。

没有身体接触容易生病

在居家隔离期间，我对触摸和人际关系进行了一些研究。几个月闭门不出的生活让我有机会对这个迷人的课题进行了深入的探索。

有一本书深深地吸引了我，那就是人类学家阿什利·蒙塔古（Ashley Montagu）的《触摸：皮肤对人类的意义》(*Touching: The Human Significance of the Skin*)。该书论述了触摸对一个人的性格、情感世界及其行为的重要性。如果你想搞清楚这些问题，我推荐你读读这本书。

作者讲述了发生在13世纪霍亨斯陶芬王朝弗里德里希二世统治下的神圣罗马帝国的一件逸事。据记载，皇帝特别想知道最原始的母语是什么，也就是说，假如不教婴儿说任何语言，他们长大后会怎么说话。他把几个婴儿送到一个育婴所，命令人们喂养他们，但不许跟他们说话。这些婴儿不可以听到任何话语，也无法得到任何情感。实验的结果是毁灭性的：婴儿们从照顾者那里看不到任何表情，也不能与之交流，最后他们都没能存活下来。

在书中，蒙塔古追溯了医学界是如何认识到皮肤接触的重要性的。在20世纪初，美国住院儿童的死亡率是100%。纽约市著名的儿科医生亨利·德怀特·查平（Henry Dwight Chapin）在1915年提交了一份报告，提出了他关切的一个紧迫问题：在美国，几乎每一个机构、每一家孤儿院或医院，没有母亲陪伴的两岁以下儿童的死亡率都接近100%。美国儿科协会对这份报告进行了分析，多位医生对此表达了看法：他们一致认为，这些地方的居住条件、设施、卫生状况和护理人员的情感投入都完全不达标。

究竟是怎么回事？

哥伦比亚大学教授、纽约医院的儿科医生路德·艾米特·霍尔特（Luther Emmett Holt）出版过一本《婴儿的照顾与喂养》（*The Care and Feeding of Children*），这本书极其畅销，曾再版14次，影响了当时人们照料婴儿的方式。霍尔特医生在书中提出了不要对孩子表现出喜爱和亲近、避免在孩子哭闹时抱他、要确定固定的喂养时间、禁止摇摇篮等观点。

此外，各种严重的儿童疾病开始得到深入研究，其中就包括重度消瘦型营养不良。

重度消瘦型营养不良与夸希奥科、恶病质等营养性疾病的病症一样，是在婴儿出生后前两年内发生的极端营养不良的病症，由母亲不给孩子喂食、孩子的总热量不足所致。严重时，该病症会致命。

波士顿的小儿科医生弗里茨·塔尔伯特（Fritz Talbot）曾辗

转各国寻找重度消瘦型营养不良的原因。他在"一战"之前到访了德国的一些孤儿院和医院,发现那里的工作人员已经意识到了满足住院患儿的情感需求的重要性。在杜塞尔多夫的一家医院访问时,发生了一件让他十分惊讶的事。医院负责人带他参观了收治儿童患者的每一间病房。这里的条件很好:健康、卫生又舒适。在其中一个房间里,他看到一位老妇人抱着一个婴儿。他很惊讶,询问她是谁。施洛斯曼医生回答说,她是安娜,负责照顾那些康复无望的婴儿,也就是医生已经放弃救治的婴儿。她用她的触摸和爱抚"治愈"了他们。我们猜想,她给予这些婴儿的关怀(肢体接触)能够唤醒这些挣扎求生的孩子体内最深层的生理机制。

勒内·斯皮茨(René Spitz)是美国的一位精神分析学家,关于儿童重度消瘦型营养不良的报告也引发了他的关注。他深入调查了一岁以下、没有母亲或依恋对象陪伴的儿童在入院3—5个月后出现的症状。他们虽然得到了恰当的治疗,但没有得到护理人员的情感关注及呵护,还缺少母亲的陪伴。在观察了数以百计的婴儿后,他定义了依附性抑郁症,也可以叫住院症,指的是那些被医院或孤儿院收治、隔离、无人陪伴的儿童出现的症状。由于身处恶劣的环境以及缺少母亲的陪伴,他们发育迟缓、极度消瘦、营养不良,还会出现抑郁的症状,比如语言表达能力低下、目光呆滞、缺乏运动和能量、食欲不振。再加上免疫系统变弱,他们更有可能患上严重的疾病，许多儿童因此而死亡。

那些未能及时从依恋对象（养父母或护理人员）那里获得身体接触和情感关怀的儿童也会出现这些症状。值得注意的是，当这些儿童与母亲重新建立情感连接或者当他们被一个充满爱的家庭收养后，这些症状往往会减轻。

家境贫穷但是得到充足母爱的孩子，其死亡率低于家境稍好但是获得关爱较少的孩子。情感关怀的缺乏可能会引起发育不良，甚至导致死亡。

对这些研究进行分析后，纽约的贝尔维尤医院制定了一项措施：要求护理人员把婴儿抱在怀里表达爱意。几年后，住院婴儿的死亡率下降到50%以下。

斯皮茨是揭示医护机构欠缺情感关怀的先驱，之后，约翰·鲍尔比（John Bowlby）、哈里·哈洛（Harry Harlow）和玛丽·安斯沃斯（Mary Ainsworth）也对此进行了研究。他们彻底改变了心理学世界和情感世界。我将在讲述依恋主题时用更多的篇幅对此进行重点阐述。

皮肤、触摸、催产素、思想和健康之间关系密切，这就是为什么我总是坚定地强调从婴儿时期开始进行身体接触的重要性。

在过去的几个世纪里我们的确犯了一些错误，但我们现在的方向是正确的！感谢科学家们的不懈研究和大力宣传，我们正在努力让这个有时极其冰冷、不近人情的世界变得更友好、更宜居。

7
催产素令我们的生活充满惊喜

米老鼠形象的变迁：幼态延续

你肯定遇到过这样的情景：你走在大街上，看到一个一岁大的小朋友，胖乎乎的，纯真可爱，他对你瞪着一双大眼睛，朝你微笑。你很难不被他可爱的小脸吸引，也很难不回以微笑；某天你看了一部关于小狗的纪录片，内心便柔软起来；甚至看到一个布娃娃、一部动画片或者你熟悉的人小时候的照片，你也会会心一笑。在这种时候，你的大脑里发生了什么变化？我用米老鼠的例子来解释一下。

历史上最著名的这只老鼠从诞生那一刻起，形象就在不断变化着。在20世纪初，它还是一只长着黑耳朵的成年老鼠，腿又细又长，鼻子挺翘，淘气捣蛋，玩世不恭。那时它的形象和我们今天熟知的可爱的小老鼠形象大相径庭。

设计师们意识到，要把米老鼠变成一个更贴近儿童、更讨人喜欢的角色，除了需要改变它在动画片中的行为，最根本的还是要改变它的外形：柔化五官线条，使其面部特征向幼儿靠拢。这种理念被称为"幼态延续"（neoteny）——这个词来源于希腊语neo（"年轻"）和teinein（"延续"），指的是成年后依然保留幼年时期形态特征的过程。

幼态的特征有哪些呢？就目前来看，米老鼠的脑袋更圆了，眼睛变大了，而且眼睛在面部的位置偏低，嘴巴小小的，脸蛋圆鼓鼓的，胳膊和腿都肉乎乎的……这些特征都会随着时间的推移逐渐消失。如果是皮包骨头的长腿或者大嘴巴，给我们的感觉就不会是柔和的或令人依恋的，更不会激发我们的保护欲了！

看看婴儿可爱的外形——这种幼态延续能激活人类体内的相关机制，让人产生一股柔情，引发依恋感和呵护欲，因为催产素会在这种时刻分泌。

❤

观察幼儿的特征会引发我们内心安宁温柔的感觉，这是由催产素激活的。

电视行业和神经营销行业也常常运用这种技巧来吸引公众。从凯蒂猫（Hello Kitty）造型的变化到汽车设计的变革都体现了这一原理。大众生产的甲壳虫（Beetle）和迷你库珀（Mini

Cooper）都是基于幼态延续的原则进行设计的。你如果仔细观察一下这两款汽车的车头，就会发现它们仿佛长着大眼睛和宽额头，让你觉得温柔可爱。我们觉得一辆车长得可爱，或者一辆车让我们产生了保护欲，这是一种多么复杂的感受！

当我们注视着这些汽车时，我们体内的催产素会被激活，正因如此，这两款汽车才令那些内心柔软的女性趋之若鹜。我想，电影行业是懂得如何把这种令人亲切的特征运用到银幕上的，像《赛车总动员》和《飞机总动员》里面的形象，就总是让我们觉得亲切又友好。

我还想说一件有趣的事情。维他命人一般都保留着幼态的特征，这里指的不是身体方面，毕竟身体会随着年龄发生变化，我指的是为人处世和待人接物方面。

保持年轻、健康、纯真、有感染力的笑容，还有好奇心和学习的热情，都有助于我们促使身边的人分泌催产素。

在工作中

我给你们讲讲在外卖速递公司Glovo工作的胡安的故事。我总是把我的日程和要处理的事务记录在Moleskin记事本上，然后把记事本放进包里，用心地保管，不让它丢失。每年我会换一个不同颜色的本子，并且把所有用完的本子都放在一个抽屉里保存，它们能帮我记住我所有的经历。有人曾经建议我换成电子备忘录，但是我还是喜欢在纸上写写画画，喜欢看日程安排都呈现在一页纸上的样子。

一个星期三的早上，我发现我把记事本忘在家里了。那天有人给我打电话，邀请我去讲课，但是我不记得当天我有没有其他安排了。我需要我的本子，于是我在Glovo上面下了一个跑腿单，请外卖员把本子送到我工作的地方。

过了一会儿，有人敲门，门外是一个高高的男生，他背着平台专用的黄色双肩包，把包裹交给我之后就离开了。我站在门口翻看日程时，听到走廊上有人一边打电话一边抽泣。我出去一看，发现是刚才那个外卖员，他摘掉了头盔，哭得正伤心。

"需要帮助吗？"我问他。

"没人帮得了我，问题很严重。"

"我是处理严重问题的专家，也许我能帮上忙。"

我让他来到我的办公室，听他讲了他的故事。

"我母亲住在委内瑞拉，她病得很重，需要去医院治病。我和兄弟姐妹们凑够了钱寄给她。但是我们刚刚得知，汇款公司把我们的钱寄丢了，我母亲没钱看病了。我不知道该怎么办，我还有后面的订单要送，但我已经彻底崩溃了。"

我的心难过得发紧。他叫胡安，身高将近两米，但看起来还像个小男孩。我耐心地安抚他，与他交谈。过了一会儿，他离开我的办公室继续去工作了。我让他第二天再来找我。

再次见到他时，他平静多了，已经有了解决问题的计划。他看到了我放在桌子上的书，问我怎么样才能让好事发生在一个外卖小哥身上。

我是这样回答他的：

"外卖员在许多人的家中进进出出，但是与顾客的交流微乎其微。很多时候大家看不到你的脸，因为你戴着头盔，送餐的过程持续不过15秒。我建议你带着饱满的热情去工作，原因有两个：一、当你满怀激情地工作时，你大脑中的神经系统会产生重大变化；二、当你怀有热情时，别人能捕捉、感知到你的热情，说不定因此就会有好事发生。怀有热情的人就会成为维他命人。"当然，我也给他解释了什么是催产素。

过了几个星期，胡安给我打了一通电话。他当时负责马德里郊外的派送业务，而且已经采取了新的"送货方式"：向开门的人问好，摘掉头盔，微笑……然后有一天中午，发生了一件事。

他当时刚刚把订单送达，站在一栋住宅的花园里。他表现得很友好，告诉顾客他订的餐还是热的，还说自己听厨师说过，食物如果反复加热就会失去原有的风味。顾客很亲切地告诉他，自己正打算招聘一位司机，希望找一个有亲和力、值得信赖、热爱工作的人。当顾客问他是否感兴趣时，他回答说他要问问自己的心理医生。顾客很吃惊，不理解胡安为什么要给我打电话。

他问："为什么你要咨询心理医生？你出了什么问题吗？"

我让胡安把自己的遭遇原原本本地讲给他听。过了两天，胡安又来看我。

"我很坦诚，给他讲了我的故事和我母亲生病的事。他雇用了我。玛丽安，你的建议帮了我大忙。我发自内心地感谢你。"

我很喜欢举胡安的例子。他的故事让我们懂得：怀着自信和热情投入工作能改善生理和心理的健康状况，整个世界的机会都会因此向你敞开怀抱。我确信，通过与人建立充满催产素的关系，他的职业道路和个人境遇都得到了改善！

雇用胡安的那位顾客在银行工作，他后来还帮助胡安借到了给母亲治病的资金。每当想到胡安的故事，我都很感动。

♥

信任和友善会打开机会的大门。如果你在工作中运用催产素，你会收获更满意的成果。

工作场合是我们与别人打交道最多的地方。在工作中会产生各种各样的情感关系——既有冷漠疏远的，也有并肩战斗的。疫情期间，远程办公被广泛应用，在艰难时期发挥了关键性的作用，但是也破坏了社会关系。当一个企业中的团队充满信心时，产生的催产素有助于提高团队凝聚力和工作效率。

保罗·J.扎克在他的研究中对此进行了解释。团队要想让员工最大化地发挥能力，需要两个工具：员工之间相互信任，员工理解工作的意义。这两点是有科学基础的，能改善企业文化，提高效益。

几年前我和我的两个姐妹还有一个好朋友一起成立了ilussio公司。我们想通过在公司开展座谈、讲座和个人课程，帮助员工提高情商，使他们成为更优秀的人。同时我们也引入一些工具，用来改善团队建设。我们的尝试得到了积极的反馈，效果令人惊喜，同时也给企业领导们提了醒，让他们第一次意识到引入情感和人文关怀能赋予工作更大的意义。

研究表明，当团队成员之间彼此信任时，催产素会流动起来，完成工作任务的过程会变得更愉悦。

工作是我们与外界建立联系的重要渠道之一。最新的研究表明，好的社交状态能刺激、提高生产力。我强烈主张营造积极健康的公司氛围，因为这样既能提高工作效率和产出，也会让员工更快乐。

我认为，与同事相处是我们生活的基本组成部分。我们每天至少要花八个小时工作，所以和同事保持良好的人际关系（至少别太差）对我们的身心健康是必不可少的。每个人各司其职，整体氛围才能融洽。很多时候，一个有毒的人甚至能够毁掉一个团队。

现在有些企业提倡内卷和竞争，这种企业文化可能会令员工难以忍受。这样的局面没有完美的解决方案，改变应该从金字塔的塔尖，也就是企业的负责人开始。选拔经理和部门骨干时，要考虑他们的人文素养以及他们能给团队营造的氛围。在我接触过的许多案例中，一个好领导能够将其影响力垂直渗透到整个企业的架构中，为团队注入催产素，或者至少为他直接领导的团队带来良好的氛围。遗憾的是，这种氛围是许多企业所不具备的。

我们不鼓励在人文关怀方面有过负面履历的人担任管理岗位。如果团队中的人际关系充满竞争性和毒性，那么员工将作为彼此孤立的个体运转，对合作缺乏信心，总是期待着自己的竞争对手栽跟头。大家都会压力重重，皮质醇中毒，因而更容易突然崩溃。

和宠物在一起

2012年，我最好的朋友拉法患肌萎缩侧索硬化（渐冻症）去世了。我记得在他去世前一晚，我去医院跟他道别。之后我回到乡下的住所，坐在一块石头上，俯瞰邻近的村庄，思考关于人生、死亡和疾病的问题——失去一个年仅二十几岁的朋友带来的打击是沉痛的。过了几分钟，我感觉身后几米处有动静，我转过身，发现是巴尔迪——一只很特别的金毛犬。看到我的手势之后，它凑过来，依偎在我身旁。后来的几个星期，它总是跟着我，不让我感到片刻的孤单。

我记得有一位患者总是跟我夸奖他的猫。他说在他跟女朋友分手后，猫给了他巨大的慰藉，缓解了他的孤独。

我还想到了帕特里西娅，一位患有严重孤独症的年轻姑娘。经过多次治疗，她的病情也不见好转。后来她开始骑马，她和马儿之间美妙的互动对她与周围人的关系产生了积极的影响。

当我们照顾动物时，它们会对我们产生重要的影响。在我们的社会中，人与人的关系越发冷漠疏远，于是越来越多的人选择养一只宠物。

是什么让动物在人类的情感世界中如此重要？有研究表明，人和宠物（比如狗）生活在一起能够降低患感冒、冠心病的风险，缓解压力，而且因为每天至少要遛一次狗，会养成运动的习惯。

催产素是否与这种特殊的连接有关系呢？《科学》杂志于2015年刊登了由日本相模原市麻布大学的长泽美穗博士完成的一项研究。他分析了30位狗主人在很长一段时间内观察和对待他们的宠物狗的情况。他测量了这些人在参与实验之前与之后尿液中的催产素含量，发现他们分泌了催产素。有趣的是，在狗狗身上也检测到了催产素的增加。长泽博士表明，这种关联和母子之间的关联相近。

另一方面，不论人处在什么年龄段，和动物直接接触可能都是有益的。举个例子——事实证明，如果学校里有农场和小动物，小孩子们在一起玩耍的机会增多，他们会更容易建立友谊。而青少年多跟动物相处有助于培养他们表达情感的能力，照料另一个小生命也有助于培养他们的责任感。对于普遍缺乏交流的老年人来说，动物是他们最好的伙伴。

拥有一只宠物对于孤独的人来说是一种动力来源。所以我常常建议别人养一只宠物，照顾它，与它培养感情。这是一剂良药。

我爱拥抱

在孩子的童年时期和亲子相处中，拥抱十分重要。爱抚和亲昵的触碰对孩子非常重要。当孩子跌倒后哭着回到家时，拥抱对他们是一种慰藉。在孩子受伤时，父母的一个亲吻仿佛有治愈的功效。我确信，在这样的时刻，催产素在起作用！把孩子抱在怀中这个简单的呵护动作不仅能抚慰他们，还能激励他们的免疫系统发挥更大的作用。

拥抱之所以有用，是因为这个动作含有这样的暗示："我没有评判你""我理解你""我喜欢你原本的样子""我想你"……

善于用拥抱等身体语言表达情感有助于改善沟通的效果。把孩子紧紧抱在怀里、亲吻他们，有助于增强孩子的自尊心和情绪管理能力。

皮肤是有记忆的。一个经常被鞭打、被虐待的孩子会把这些伤痛储存在细胞中，而在精神上和身体上都总能感受到爱意的孩子心中会储存足够多的能量来面对未来。这对他们的性体验和情感世界都会产生重要影响。这种影响不仅是对孩子。我们的父母逐渐老去，可能会失去部分身体和情感机能，因此会容易感到悲伤和痛苦。作为儿女，如果能握住他们的手，拥抱他们，亲吻他们，就可以缓解他们的寂寞感和孤独感。

得不到身体接触的老年人是悲伤和不幸的。很多人随着年岁渐长，会越来越感到被孤立、与世界脱节，而与之相见时几秒钟的相拥所表达的情感便足以慰藉他们的身心。

有研究提出，有的伴侣之间是缺乏情感表达的，也就是有"述情障碍"——缺乏用身体和言语表达情感的能力。在表现亲昵上存在代偿失调，会导致伴侣关系产生危机。

♥

拥抱能治愈伤痛、振奋精神、平和心境、改善心情。

触摸是促进催产素释放的最佳方法。爱抚、亲吻和拥抱都是有效的方式。据保罗·J.扎克所说，人一天需要拥抱八次。我总是尽可能多地拥抱他人，据我观察，这样做并没有引起对方的不适。

我的大儿子非常喜欢拥抱别人，他会让你体内的催产素爆棚。他给我提过一个建议，我现在正在努力付诸实践。他说："当你拥抱我的时候，不要说话，这样我们都能更好地感受，也更享受这个拥抱。"我照做后，发现他说得有道理！我没有做过测量，但我确信，静默的拥抱会产生更强大的效果。

以下的几个建议会帮助你分泌更多的催产素。

聆听并享受音乐

一项发布在《科学公共图书馆综合》杂志上的研究分析了人们在聆听舒缓的音乐以及节奏感强的音乐之后体内催产素水平的变化。研究发现，听音乐能降低皮质醇水平，提升催产素水平。

接受按摩或者给别人按摩

在压力大的时候，做一个按摩不仅能有效地缓解紧张情绪，还能使体内的催产素达到峰值，让你感觉更好。

养一只伴侣动物

我们在前面已经探讨过这个话题。许多研究证实，伴侣动物能安抚主人的情绪，让主人不再孤单，从而提升主人的催产素水平。

享受和爱的人一起度过的时光，让他们开怀大笑

和我们爱的人相守，能有效促进催产素的分泌。

进行冥想、祈祷和正念练习

这几种方式都是非常行之有效的。我建议在冥想、祈祷或者做正念练习时，心里想着我们深爱的或者感激的人。

8
摆脱孤独与社交疼痛，寻找填补我们灵魂的必要之人

当我们感觉到被爱、被陪伴和被认可时，我们的自尊心和自信心会得到提升。一段健康的关系会治愈我们的心灵创伤，有益于我们的心理健康。长期承受孤独会对我们的身心造成巨大的伤害。一方面，孤独会引发多种自身免疫性疾病、炎症性疾病、慢性疾病、神经性疾病、肿瘤性疾病和精神性疾病等；另一方面，孤独会增加罹患抑郁症、焦虑症、失眠症和众多身体疾病的风险。

孤独与孤立是不一样的。后者是指不与或几乎不与他人保持联系，因此孤立是一种客观状态。而孤独是主观的，这种感觉源于我们无法找到或维持我们所期望的人际关系。它并不取决于我们是否有一个交际圈，而是来自我们希望拥有的和实际拥有的之间的不平衡。

在孤独中保持清醒是自我认知的起点。放慢速度、消除外部社会的刺激对我们来说是非常有必要的事情。过多的情感压力和社会刺激会导致我们皮质醇中毒，而社会上大多数人都存在这种情况。

孤独的羞耻感

将孤独与羞耻感和负罪感联系在一起会使一个人陷入非常危险的境地。在这种情况下，我们会下意识寻找一种途径来避免由此产生的痛苦，如酒精成瘾。在最严重的情况下，有人会选择自杀。除此之外，还有很多人会因为无法表达孤独感而自我伤害。

曾经发生的一件事引起了我对这个问题的反思。大约四年前，我在哥伦比亚给一些高校老师、学生和家长做过几次讲座。在讲座上，我要求年轻人把他们特别感兴趣的问题写在一张纸上。讲座结束后，我拿起其中一些纸条，读了开头的几句话。晚上回到酒店后，我逐一阅读了每一张纸条，其中一半以上都谈到了孤独感，"我感到孤独""我选择网络作为我的逃生区，打游戏会缓解孤独""没有人真正爱我""我感觉不被他人理解"……当我看到这些内容时，我意识到这可能是我第二本书的主题：如何寻找缓解社会孤独感的方法，如何以健康的方式与他人建立联系，如何寻找那些能够填补我们灵魂的必要之人。当我读到最后一个问题时，我更加坚定了这一想法。这个问题是：为什么孤独给人带来的痛苦，和身体上的痛苦一样强烈？

什么是社交疼痛？

当一群朋友举办晚宴而不邀请你时，你会不会感到难过？你有没有因被羞辱或被拒绝而痛苦过？当我们感到被排斥时，大脑中会发生什么？我想向你传达一个重要观点：人们对社交疼痛和肉体疼痛的感受方式是一样的。当一个人遭受身体疼痛时，前扣带回会被激活，这与一个人感到被羞辱、被拒绝或不受欢迎时的感受位置是相同的。除了大脑中的扣带回被激活，大脑还会分泌皮质醇，也就是说，这两种疼痛都会给我们的大脑造成一定的压力，因此我们觉得这两种感受是相同的。

在治疗中，我通常会询问患者童年和青年时期的创伤回忆。我需要知道他们是否在某个时刻有过被遗弃的感觉，然后从这些痛苦的情绪出发去修复他们的创伤，以减轻这种情绪在他们成年后带来的消极影响。

社交疼痛，从温和到严重，在童年时期会有不同的表现方式。任何在童年时期有过痛苦经历的人，都会产生对未来的不确定性。这就是为什么在经历过创伤之后，我们希望不会再次被他人抛弃。在孤独中遭受痛苦比在别人的陪伴下遭受痛苦具有更大的负面影响。然而这并不意味着无药可救。我发现，一个遭受过背叛或者痛苦的孩子长大后不一定会成为一个不信任他人、情感淡漠的人。

如何消除孤独感？

这里有一些建议，可以帮助你缓解社交疼痛。

· 第一，尽心照顾你周围的人。不时对那些与你生活在一起的人表达你对他们的关心——关心他们的情绪与生活情况。这会让他们觉得你是一个值得依靠的人。

· 第二，如果你无法与对你很重要的人见面，可以试着给他打电话，这会让你们之间的连接更为紧密。值得一提的是，电话或者音频产生的连接感不如视频，所以条件允许的话，给那位重要的人打一个视频电话吧。

· 第三，拥抱他人。这是一个我们绝对不能忽视的好习惯。如果你和孩子们住在一起，经常拥抱他们可以改善他们的免疫系统，促进他们的认知发展。

· 第四，减少线上联系，增加线下交流。好事情是发生在现实生活中的，网络上的虚拟生活带来的只是一种即时性满足。

2012年，加利福尼亚大学洛杉矶分校的雅尔达·乌尔斯（Yalda Uhls）教授开展了一项有趣的研究，这项研究主要关注两组年轻人的共情水平。第一组年轻人参加了一个无手机夏令营，而第二组年轻人可以像往常一样携带手机生活。结果显示，第一组年轻人的共情能力有很大的提高，他们非语言沟通的能力也有所改善。

· 如果你感到孤独，那就做个善良的人吧！善良的人总是致力于让周围的人生活得更愉快，也懂得接受他人的爱！若非如此，人际关系就会变得艰难而复杂。我们与他人互相支持，这就是最好的关系。没有人是完美的，但我们要以最大的善意接纳彼此的局限性。只要有善良和同情心（催产素对此发挥着根本性的作用），我们就可以抚平、治愈许多心理创伤。

· 帮助他人。做一些力所能及的志愿服务在我看来是非常有必要的。志愿服务是我一生中对我帮助极大的事情之一，塑造了现在的我。我把它作为治疗方法推荐给感到孤独的人，也推荐给想成为更好的自己的人。

许多机构都对利他行为对大脑的影响进行了研究。娜奥米·艾森伯格（Naomi Eisenberger）医生在2016年发表文章说，帮助他人有利于抑制大脑中感知压力和威胁的区域（包括杏仁核、背侧前扣带回皮质和前脑岛）的活动。同时，它能激活与奖赏机制和注意力有关的区域。2017年发表在《老年学杂志》（*Journal of Gerontology*）上的一篇关于丧偶女性群体的孤独程度的研究表明，在丧偶女性群体中，那些每周参加志愿活动的人较少受到孤独感的困扰。

依恋

♥

人生最初的六年是一个人的故乡。

——恩里克·洛哈斯（Enrique Rojas）

9
依恋：拥抱内心的小孩

最初的关系

我们出生的环境和幼年时接触到的人对我们儿童时期的发育有决定性影响。通常情况下，人们的依恋对象是自己的父母；在特殊情况下，依恋对象也可能是祖父母、叔叔阿姨、保姆、老师……甚至在更复杂的情况下，还可能是寄养家庭的监护人。早产儿在出生后的几周甚至几个月里都要住在暖箱中，无法和母亲待在一起，这些都会对他的情感世界和依恋关系产生影响。

我们在婴儿时期同父母和其他照顾者之间建立的情感连接定义了我们的依恋关系。儿童会无意识地感知他们是如何被关爱、被照顾，需求是如何被回应的。这些感受不仅会对他们成年后与别人相处的方式产生很大影响，也会对他们的人格发展、认知能力和身心健康产生深远影响。

> 在家庭中，父母、兄弟姐妹、祖父母或其他照顾者都会对儿童的依恋类型产生影响。

打个比方，一个孩子如果遭受过霸凌，就会留下阴影，不利于他今后与同龄人正常相处。虽然父母是孩子最初的依恋对象，但随着孩子的成长，他结识的朋友也会对他产生很大的影响。

在对依恋展开深入探讨之前，我想先传达一个乐观的信息。尽管人们成年后出现的许多问题都可以追溯到童年时期，但也不必因此成为宿命论者。童年时期不稳定的、有害的、负面的依恋关系的确可能导致成年后严重的问题，但好在我们作为父母，有办法弥补童年时期对孩子的亏欠，尽可能让他们在成年后过上健康、和谐的生活。

有些童年创伤刻骨铭心，会直接影响甚至决定我们与他人的相处方式乃至我们的身心健康。有些伤口永远无法完全愈合。这时，心理治疗应把重心放在缓解困扰患者多年的痛苦上。

我在精神科的实习接近尾声时，参加了一次关于创伤的研讨会，第一次聆听了关于"依恋作为人格和心理学支柱"的深入讨论。这次讨论让我沉迷其中。在那以后的许多年间，我潜心于这个领域的学习、研究和工作。我不断地倾听别人的经历，通过心理咨询帮助他们摆脱不幸的记忆。这些经历也使我深受触动。有一次，我在柬埔寨接触到一位被强奸然后被迫卖淫的女孩。那次经历使我意识到，帮助患者从不堪回首的记忆中抽离出来可以在很大程度上治愈他们的身心。

关于依恋的文章和研究有很多。我在参考书目中罗列了一些我认为最有价值的书籍。如果你有兴趣更深入地了解这个主题，推荐你阅读拉斐尔·格雷罗（Rafael Guerrero）撰写的《情感教育和依恋》(*Educación emocional y apego*)，该书对依恋进行了更为详尽的探讨。

如果你已经为人父母，那么书中的内容可以帮助你更好地处理和孩子的关系。但我真正的目的是希望你想象自己回到儿童时期。我希望你回想一下，作为儿子或女儿的你，在成长过程中与父母相处的感受和经历，进而理解在你成年之后，它们是怎样影响了你与他人的相处方式的。

♥

理解依恋对我们理解自己与他人相处、选择伴侣或者跟孩子互动时背后的心理机制至关重要。

我们在面对他人的心理求助时会本能地对对方进行道德评判，很难保持客观或中立。每个人都有自己的信仰体系[1]，别

---

[1] 在《如何让好事发生在你身上》中，我对此进行了更详细的描述。

人的故事可能会扰乱我们的世界。就我而言，当有父母向我咨询关于孩子的问题时，我不会对他们进行评判，因为我相信他们一直在努力给予孩子最好的。唐纳德·温尼科特（Donald Winnicot）曾提出"模范父母"这个概念，这些父母把全部身心、毕生所学、所有身家都倾注在孩子身上。我们很少遇到故意在情感上摧毁孩子的父母。当父母对孩子造成伤害甚至虐待孩子时，他们多半是受一种病态的、不成熟的、有创伤的人格的操纵，又或者他们只是无法以健康的方式表达自己的情感。当患者向我倾诉他们和父母之间恶劣或复杂的关系时，我也会这样跟他们解释。很多时候，那些父母只是不知道该如何跟孩子建立一段健康的关系。

我们内心的小孩

正如我前面所说，每个成年人的内心都住着一个孩子。过往的经历以及我们应对往事的方式逐渐塑造了我们每个人现在的样子。从出生的那一刻起，我们对周围的人和事的看法逐渐定义了现在的我们。从本质上讲，童年的经历塑造了现在的我们。

童年时的冲突给你留下了什么样的烙印？你父母的关系怎么样？你在学校过得开心吗？你和兄弟姐妹的关系如何？你对死亡最初的认识是怎样的？你是否能感受到周围人对你的爱和

包容？你是被爱笼罩着长大的吗？是否有人伤害过你？现在你还被当时留下的创伤困扰吗？你还记得小时候的事吗？小伙伴们对你好吗？你有归属感吗？你感觉自己的价值和能力是被认可的吗？

走进他人的依恋世界并非易事，需要小心翼翼地揭开尘封的往事。童年和青年时期的经历是成年后许多问题的根源。我们适应过往种种的应变能力塑造了我们的性格，同时这也是理解我们如今为人处世方式的基础。最重要的是，它标志着我们如何管理自己的情绪。

这种应变能力对我们保持内心的平衡十分重要。你或许多少能感觉得到，我们都背着一个心理包袱，里面装着诸如欢乐、痛苦、悲伤、成功、屈辱和受挫等复杂的内心感受。如果我们能够很好地驾驭情感，在环境和经历中磨炼自己的性格，这便是最好的结果。但这种情况可遇而不可求。更多的时候，我们会跌入消极情绪的谷底，饱受焦虑折磨，处于极度不安中，被脑海中负面的声音裹挟，甚至陷入抑郁的泥淖。

欠缺情绪管理的能力会导致成年人出现许多生理和心理问题。而挥之不去的阴霾、依旧疼痛的伤疤、迟迟不愈的心理创伤，这些因素都会妨碍正常的情绪管理。

在继续这个话题之前，我想讲一个柬埔寨小女孩的故事。我曾被她在庭审时的证词深深打动。

❤ 尚蓓的故事 ❤

索马莉·曼姆是一位活动家，也是一家基金会的董事。我在柬埔寨时曾和这家基金会合作过。有一天，索马莉委托我协助处理尚蓓的案例。尚蓓是一个11岁的女孩，当时住在这家基金会在曼谷设立的一所救助中心。此前，尚蓓曾被自己的父亲、兄长和叔叔虐待，之后被卖到一家妓院，在长达几个月的时间里，她都被关在一间条件恶劣又肮脏的屋子里，嫖客只需花上一美金就能和她发生性关系（在我看来，用"发生性关系"来形容他们的行径实在过于轻描淡写了）。后来在警方对该窝点的一次突袭中，女孩被救了出来。

索马莉对尚蓓的状况颇为担忧。尚蓓来到救助中心已经几个月了，但她总躲在角落里不出来，也不允许任何人触碰她。她只会偶尔发出一两声呻吟，谁也听不清她说了什么。

一天早上，我和索马莉一起乘车前往救助中心。在车上，我思考着能为尚蓓做些什么。接近她很困难，甚至可以说几乎是不可能的。但我仍然不停地思考怎么才能靠近她破碎的心，抚慰她受伤的身体。中途，我们把车停在路边去吃饭，点了一道名叫"阿莫克"（amok）的特色小吃。旁边的摊位上，一位女士正在卖头绳、发卡和梳子之类的东西。我顿时有了主意，于是走上前去买了一些。

当我们到达救助中心时，很多女孩跑上前来迎接索马莉，并争相拥抱她。尚蓓是唯一一个没有这样做的。这一幕令我永生难忘：她像往常一样在角落里蜷缩成一团，身体微微晃动着。我尝试着和她对视，但她的眼睛却始终盯着地面。我走近她，在她身边坐下。我没有触碰她，只是望着她抱住双腿的手。过了一会儿，她抬起头来，我感到心头一痛。后来我再也没见过那样的神情。我把手伸进口袋，拿出头绳和发卡，比画了一下，询问她我可不可以帮她梳理一下头发。

她看着我，眼神空洞，没有任何回应。我开始小心翼翼地梳理她的头发。见她没有反抗，我便试着抚摸她披散的头发，给她戴上彩色的发卡。接下来的一个多小时里，我重复着同样的动作。通过这样的举动，我希望她能明白，**我是在触碰她，但是没有伤害她。**

尚蓓早已习惯于将他人的靠近视为一种威胁。任何肢体的触碰都会引起她的恐惧，让她更加脆弱。帮她梳完头发后，我拿出随身携带的相机，给她拍了一张照片，还给她看了看。她肯定已经认不出自己了。很多遭受过虐待的女孩都不想再看到自己的面孔和身体。

在那之后的几天里，我都和她待在一起。吃饭的时候我会跟索马莉打手势，让她把食物端来，再由我喂给尚蓓吃。整个过程中我一直保持着安静。偶尔我会轻轻抚摸她的手，冲她微笑。跟过去几个月相比，这个小小的改变已经十分令人欣慰了。

在我要离开的那天，我轻轻地靠近她，告诉她我很快就会回来，在走之前想拥抱她一下。见她对我露出一丝笑容，我便拥抱了她几秒钟。在这几秒钟里，她的身体纹丝不动，但我能感觉到她内心的起伏。我的心在颤抖。那一刻，我真希望自己拥有神奇的魔力，能治愈她内心的创伤和痛苦！

就在我们开车准备离开院子的时候，她突然朝着我们的车子跑来。我赶紧下了车。她目光空洞地注视着我，跟我说了声谢谢。

这是她几个月来第一次说话。她紧闭的内心终于打开了一道缝隙。

尽管还有很长的路要走，但尚蓓现在终于愿意接受我们的帮助，走向美好的未来。

这个案例既棘手，又让人揪心，但它帮助我更好地理解了依恋和亲密关系对人的重要性。同时，它也激励我对这个课题进行更深入地研究，以便更好地帮助有心理创伤的患者。

童年时期建立的情感纽带

英国心理学家约翰·鲍尔比曾长期从事有关依恋的理论研究。1969—1982 年，他将依恋发展为一个新的研究领域。20 世纪初，人们普遍认为母子之间情感的基础是哺育，确切地说是母乳喂养。按照当时的观点，孩子的发育主要是靠食物而非其他。然而，包括约翰·鲍尔比、哈里·哈洛和玛丽·安斯沃斯在内的许多精神病学家和心理学家通过研究证明，这种观念是错误的。得益于他们的研究成果，人们才知道爱也是孩子成长的基本需求。

这三位学者都研究了依恋对成年人的影响。我会尽可能简明扼要地一一介绍他们的观点。我会用一个单独的小节介绍玛丽·安斯沃斯的研究成果。

美国心理学家哈里·哈洛曾做过一个实验，探究母婴分离、依赖和社会孤立对恒河猴的影响。这个实验对鲍尔比的依恋理论具有决定性的启发意义。我稍后会对这个实验进行详细描述。

根据鲍尔比的依恋理论，婴儿拥有一套与生俱来的生理机制来和父母进行互动。例如，婴儿生来就会吸吮乳头、微笑、牙牙学语和哇哇大哭，渴望被拥抱。鲍尔比认为，这些生理刺激经过进化和基因编码而逐渐成为婴儿的先天技能，以便他们与父母保持亲密的连接。

据约翰·鲍尔比观察，当婴儿觉察到母亲的离开，或没有充分感受到母爱时，会用肢体动作表示"抗议"。对母亲的依赖是婴儿不可或缺的养料，因为母爱是他们探索周围世界的安全感的来源。鲍尔比曾为世界卫生组织撰写过一份名为《母爱行为与心理健康》（Maternal Care and Mental Health）的报告。他在报告中指出："新生儿和幼儿迫切地需要从自己的母亲那里感受到源源不断的爱、亲密的接触和温暖的庇护，而母亲也能够在这种关系中感到喜悦，获得内心的满足。"他还补充道，"母爱的缺失可能会对婴儿的心理健康造成不可逆转的严重后果。"有一种理论认为，母亲和孩子之间存在一种特殊的基因联系，使他们渴望建立起紧密的情感纽带，鲍尔比对此表示认同。在他看来，这种渴望非常强烈，如果在婴儿刚出生的几个月里就对他进行"母爱剥夺"（缺少和母亲的接触），就会对孩子十分有害，因为这违背了自然规律。

鲍尔比对这个课题进行了大量研究。他分析了"二战"期间与父母分离的儿童，发现他们表现出轻度或中度认知上和智力上的缺陷。此外，他们不知道如何管理自己的情绪，以及如何以健康的方式适应周围的环境。

鲍尔比强调，母爱是孩子健康成长非常重要的条件之一。如果一个孩子在婴幼儿时期缺乏安全感，他的大脑和身体就会处于警戒状态，也就是说，他会在很长一段时间里处于面临危险和威胁时的戒备状态。

❤

依恋能够为人带来安全感，而安全感又是健康人格发展的必要条件。

哈里·哈洛对鲍尔比的依恋理论进行了更深入的研究。他以恒河猴为研究对象开展过一项实验。这项实验因为违背了伦理准则而颇受争议，放在今天是不可能被允许进行的。在实验中，恒河猴幼崽被迫和母亲分开，被关在笼子里。哈洛在笼子里放入两个不同的东西：一边是缠绕着金属丝的奶瓶，另一边是一个柔软的毛绒娃娃。

通过这样的设计，哈里希望观察幼崽在母爱被剥夺时会如何表现：是与和母亲触感相似的娃娃依偎在一起，还是会选择装有食物的奶瓶。

这项研究的结果出人意料。猴宝宝大部分时间会和毛绒娃娃待在一起，只有在需要进食的时候才会靠近缠绕着金属丝的奶瓶。但只要填饱了肚子，它们就又会回到娃娃身边。这表明，动物幼崽并不像人们想象的那样把食物看得比母爱重要。相反，它们更渴望与母亲或能给它们带来母爱感觉的东西有更多的接触。毛绒娃娃能带给猴宝宝安全感。当猴宝宝感到害怕或笼子里发生了变化时，它们便会抱着毛绒娃娃。当娃娃被拿走时，猴宝宝会不停地哭泣和尖叫，试图留住娃娃。

在此基础上，哈洛开展了进一步的研究。他将几只恒河猴关在笼子里，有的关了数周，有的关了数月，有的甚至关了一年。在这段时间里，只满足它们的基本生存需求，即只提供给它们食物和水，而不考虑它们的情感需求——既没有在笼子里放置娃娃，也没有提供任何可供依恋的对象。在短短几周之内，一些可怜的恒河猴便开始出现不可逆转的消极、冷漠和紧张症状。一些恒河猴开始停止进食，还有很多恒河猴出现社交障碍，甚至过早地死亡。

读到这里你可能会联想到，婴儿在玩耍或走路的时候，往往都要抱着一团针织物或毛绒玩具才能保持平静。我的孩子们小时候就是这样，尤其是我的儿子恩里克。有几个月他每天都要去医院接受痛苦的治疗，那时候他总会攥着我的一条旧围巾来减轻自己的恐惧感。围巾的气味、质地和紧紧攥住围巾的感觉能让他放松下来。[①]

前段时间我读了阿尔瓦罗·毕尔巴鄂 (Alvaro Bilbao) 写的一篇相关文章。他在文章中解释说，在宝宝出生之后使其立刻摸到妈妈的手指或者一块柔软的棉布，会极大地刺激宝宝的手掌反

---

① 不建议把毛绒玩具或者针织物放在婴儿床里，让婴儿抱着睡觉，以防婴儿在睡梦中窒息，但可以把它们放在吊床上、玩具车里或者孩子玩耍的地方。

射,让宝宝感到更加放松。如今,越来越多的现代科学研究证实了母性本能和哺乳经验的正确性,这让我感到非常欣慰。

教育、心理学和精神病学必须齐头并进。当今世界,知识的发展日新月异,科学已经成为21世纪的教育中不可分割的组成部分。在这种趋势下,教育工作者们必须潜心学习心理学知识。治疗师应与老师一起致力于教育事业,而父母则需多听取专业人士的意见,让孩子受到更好的教育,从而成长为更出色的时代栋梁。

在研究中,哈里·哈洛阐释了婴儿如何通过找寻亲近和柔软的感觉来平复自己的情绪。他认为,如果人在婴幼儿时期缺乏与亲人的身体接触,会对其成年后的生活产生极大的负面影响,并在其心中留下难以愈合的创伤。虽然这种结果难以逆转,但也并非全无治愈的可能。我将在接下来的章节中详细讨论这一点。

❤

婴儿从出生的那一刻起就需要和照顾者保持互动,这对他们大脑的发育是不可或缺的。互动所产生的亲近感是婴儿身心发育的养料。

罗马尼亚孤儿

几年前的一天,我在一家法国机场的电视上看到一则关于罗马尼亚孤儿院幸存者的新闻。采访画面中,孤儿们的处境十分糟糕。看到如此残忍的画面，我感到不寒而栗，泪水一直在我的眼眶中打转。

"二战"结束后，为了增加国民人口，重振国民经济，罗马尼亚政府接连颁布了一系列鼓励生育的措施。其目的是使国民人口在10年内增长50%。文献的记载令人震惊：该国曾对女性实行绝对的生育控制，不仅成立了月经警察队伍，还强迫女性在家中或工作场所接受妇科检查，以监测和追踪她们的怀孕情况。如果一对夫妇不能生育孩子，不论是出于何种原因，他们都必须缴纳更多的税款。

政策的实施造成了毁灭性的后果。一方面，孕产妇死亡率上升；另一方面，在1970年到1990年的20年间，超过10万名儿童被送到政府孤儿院，数以千计的被遗弃的儿童被送到公立寄宿学校。这些机构的条件非常糟糕，虐待儿童的事件屡见不鲜。据一些幸存者陈述，他们曾像野兽一样被关在笼子里。这项政策导致的严重后果是全方位的，而研究者们最关注的是这些儿童缺乏与照顾者互动的问题。没有人和孩子们说话，也没有人对他们悉心照料，这些都会阻碍儿童的正常发育。

1989年，关于这些寄宿学校的新闻震惊世界。新闻画面令人难以接受：当人们走进收容3岁以下儿童的房间时，他们感受到的是可怕的寂静。这里没有欢声笑语，没有玩耍嬉闹，没有牙牙学语，也没有流泪哭泣，有的只是沉默。科学家们怀着无比震惊的心情描述了那种残酷的情形。

这些缺乏关爱的孩子有什么样的举动呢？他们会前后摆动自己的身体，并用双臂紧紧地抱住自己，就像哈洛实验中的猴宝宝，还有可怜的小女孩尚蓓一样。

在一个到处都是孩子的地方，怎么会如此寂静？研究人员认为原因是，数年来从来没有人回应孩子们的呼唤，也没有人与他们建立情感连接。婴儿和照顾者之间的情感互动对于刺激婴儿释放催产素和建立安全的依恋关系来说是必不可少的，但这种情感互动在这里从未发生。

美国科学家内森·福克斯（Nathan Fox）曾于2001年到罗马尼亚调查孤儿院事件。该国新政府希望评估过去20年里虐待儿童所造成的后果，并寻找相应的解决方案。在接下来的几年里，内森·福克斯发表了令人震惊的研究结果。2004年，他在《认知神经科学杂志》（*Journal of Cognitive Neuroscience*）上发表了一篇论文，对孤儿院里的儿童和有幸被收养的儿童的脑电图进行了比较。结果显示，孤儿院里的儿童的关键区域的脑波频率较被收养儿童的更低。孤儿院里的儿童皮质张力低下，神经系统发育不成熟，具有明显的学习障碍，而那些被收养的儿童的认知发育水平明显更高。

这些孩子的悲剧命运证实了科学界多年来的假设：遭遇父母遗弃、缺少情感连接以及缺乏情感互动和情感刺激会对儿童的大脑产生有害影响。

> 情感刺激和情感连接是儿童大脑结构正常发育的基础。

创伤

儿童时期被忽视或被虐待的经历会给人留下无法抹去的伤痕，影响他们长大后的生活。有这样经历的人还有可能出现精神问题、情感问题甚至患上身体疾病。这种幼年时承受的精神压力会缓慢激活皮质醇并减缓神经元连接的正常发育，从而导致严重的学习和行为障碍。

借助脑成像技术，我们可以看到，当创伤发生时，人们会经历某种"大脑停电"，这种现象被称为"解离"。具体而言，当大脑感知到正在发生或即将发生的巨大痛苦时，它会切断和身体的联系。当一个人被殴打、强奸、侵犯、羞辱或人身攻击时，都可能触发大脑的解离机制。

> 为了存活，大脑会逃避真相和痛苦。

这种解离机制是人体的一种保护措施，目的是使人们感受不到痛苦，屏蔽掉正在发生的残酷真相。当创伤事件发生或重现时，这种解离机制便会被激活。那些长期遭受性侵或虐待的人通常都依赖于这种机制，因为这样受害者便可以屏蔽和忘掉不堪的遭遇，将其抛在自己的生活之外。我在心理咨询工作中经常观察到这种现象。当我让来访者讲述一件痛苦的事情时，他们的记忆往往是断断续续的，无法完整地回想起整个事件。

记得前段时间，有一位名叫卡门的来访者给我讲述了她父母离婚的故事。那时她才12岁。那几个月对她来说简直太难熬了。父亲和母亲动辄大打出手，大喊大叫，令她手足无措。最后，她不得不央求父母允许自己和祖母住在一起。在讲述这件事的时候，她努力想要描述得详尽一些，可她根本做不到，因为她的记忆断断续续，有些事情她已经不记得了。这是因为当心理创伤发生时，脑中的海马和杏仁核会充满皮质醇。事实上，遭受严重心理创伤的儿童的皮质醇水平比对照组儿童的更高。心理创伤患者不会认为导致创伤的事件已经结束了，而是会时刻保持警戒状态，这就是许多人出现创伤后应激障碍的根本原因。创伤性事件会影响人体对交感神经和副交感神经系统的调节能力。换句话说，它会改变人体应对压力和负面情绪的方式，使受创伤者时刻处于受威胁状态或保持过度警惕。任何外界刺激都会引起他们的警惕，也可能使他们心神不宁，进而阻碍他们的理性思维和认知能力的发育，或者使他们产生学习障碍。他们会以错误的方式解读周围的世界，不知道如何区分哪些是压力和威胁的来源，哪些不是，因而变得疑心重重。

有心理创伤的儿童更容易患各种疾病。科学已经证实，这类儿童罹患癌症、糖尿病和某些心血管疾病的概率要比其他儿童高出10%。在情感和心理方面，他们患抑郁症、焦虑症和其他更严重的精神疾病的可能性更高，并更有可能自残。这类儿童很难以健康的方式和他人交流，很难表达自己的真实想法。因此，让他们走出阴影的关键是帮他们建立健康的情感基础和安全的依恋系统。只有这样，他们才可能摆脱创伤的阴霾，以更加积极的心态面对人生的逆境与不测。

10
我们是以自己被爱的方式去爱别人吗？

我认为，帮助人们更好地了解他们的思想、身体和情感经历是非常重要的。我希望能在人们探索自己内心世界的道路上陪伴他们，努力治愈或减轻他们心灵的痛苦，让他们呈现出最佳状态。

在我的第一本书中，我从生理和心理的角度，提出了大脑与心灵相统一的重要性。但我们对个体的研究中还缺失一个很重要的角度，那就是关系！亲情、柔情、友谊、亲密、爱情都是非常美好的概念，它们决定了我们生活的质量。其中的很多关系都是在童年的某些关键时刻建立起来的。

我将在不同的章节进一步阐述这个观点。

我完全没有绘画天赋，但还是画了好几张草稿，努力把我脑子中的想法呈现为图像。我将从一个概念开始，那就是情感基础，它能够解释为什么童年时期的某些关键时刻会对我们数十年后做出的决定产生影响。

情感基础

幼年时期发生的事件会影响我们的一生。我们会把在家中经历的事件都视为正常的，大脑会把这些场景默认设定为熟悉的，我把大脑中形成的这种结构称为大脑的"熟悉区"。这就是建立情感基础的地方，也是我们成长的基础，大脑中的这个区域会帮助我们判断成年后我们遇到的事情是好是坏。

大脑就像是砖块，心灵好比水泥，它们在我们幼年时期就已经搭建定型。我们将来要如何去爱、如何去管理情绪，在很大程度上是由它们决定的。

我们不妨想象一下，如果一个人小时候家中有一位酗酒的父亲或者一对关系不和睦的父母，他的童年在剑拔弩张的气氛和争吵中度过，过着拮据窘迫的生活，习惯了谎言和欺骗，这一切都会在他的生命中留下印记，并对他长大后的样子产生影响。

在第103页的图片中你会看到，情感基础是逐渐形成的。假如我们生活的家庭环境中缺乏亲情，充斥着漠然和冷淡，我们会把这种态度视为正常，长大后也会变成难以表达自己情感的那种人。

在成年阶段实现我们在童年看到的

随着年龄的增长，我们会经历一场与我们的过去有关的演变。也许我们能以健康的方式治愈创伤，不让它影响我们当下的生活；也许创伤仍然根深蒂固，对我们的行为方式造成深远影响；抑或创伤一直潜伏在某个角落，我们没有意识到它的存在，所以也没有试图对它进行管理和疏导，直到某一刻它爆发。

情感基础是否总能决定我们的行为？好在并非如此。总的来说，有三种可能性：

· 遭受过痛苦，并且没能治愈或者克服痛苦。

· 遭受过痛苦，但克服了痛苦，以健康的方式变得成熟。

· 遭受过痛苦，但自己并没意识到心中隐藏的伤痛，因而成了痛苦的环境或者关系的奴隶，在成年后依然被过去的经历影响着。

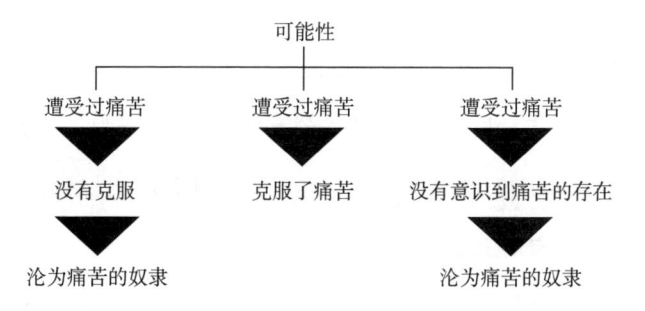

```
                        可能性
        ┌─────────────────┼─────────────────┐
    遭受过痛苦         遭受过痛苦         遭受过痛苦
       ▼                 ▼                 ▼
    没有克服           克服了痛苦       没有意识到痛苦的存在
       ▼                                   ▼
   沦为痛苦的奴隶                      沦为痛苦的奴隶
```

情感基础是如何发挥作用的？

有时候，大脑会尝试克服痛苦、走向成熟，但是这需要经历内心的一次觉醒。也就是说，经过某个转折点，我们意识到问题所在并积极地应对、分析、接纳（接纳是非常重要的！），从而克服曾经的痛苦或创伤，与过去和解。

很多人会不断重复错误的行为模式，即使他们知道这样做是不对的。他们内心深处的某种东西把他们和童年的行为捆绑在一起，使他们无法挣脱。

从长远来看，这会导致过度依赖的关系、有毒的关系、痛苦的关系或者严重有害的关系。

❤ 卡梅拉的故事 ❤

"我不知道自己出了什么问题，我总是和坏男人交往，他们最后都会背叛我，我觉得我可能有什么事做得不对。我现在有交往的对象，但我完全无法信任他，我在这段关系中并不觉得幸福。"

卡梅拉是一位高挑漂亮的女性，非常有魅力。她是律师的秘书，觉得自己得到这份工作很幸运。她给我留下的印象是独立而自信。

我请她给我描述一下她曾经交往过的三位男友，并按照逻辑分析了每一个人，得出了一个结论：她喜欢野心勃勃、好色、有诱惑力、花言巧语的男性。

我问她:"你父亲是什么样的人?"

她说:"我父亲一直对我母亲不忠。我还记得母亲痛苦哭泣的样子,她几度因此而抑郁。我一直很向往忠诚,那是我这辈子都在追求的品质,但是不知道为什么我总是遇到欺骗我的男人。我父亲不是一个好丈夫,但他是个好父亲,他非常爱我,我是他生命中特别的存在。"

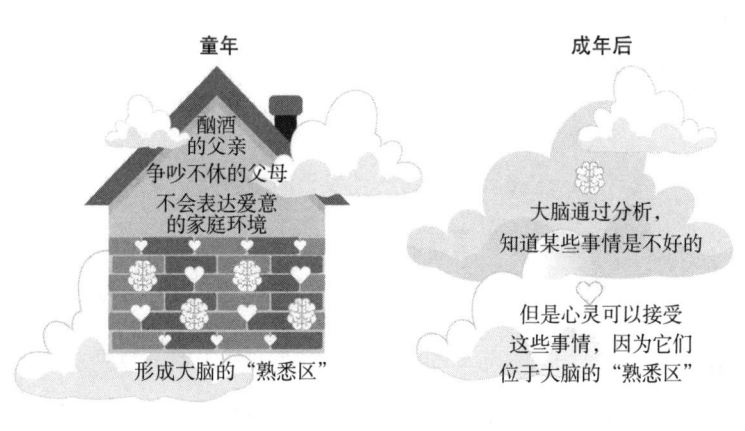

童年:酗酒的父亲、争吵不休的父母、不会表达爱意的家庭环境——形成大脑的"熟悉区"

成年后:大脑通过分析,知道某些事情是不好的,但是心灵可以接受这些事情,因为它们位于大脑的"熟悉区"

情感基础的形成

一位深爱女儿的父亲和一位因为丈夫的不忠而悲愤不已的母亲,交织形成了卡梅拉的情感基础。她对伴侣的选择受到了她对父亲的感情的影响。她的大脑告诉她,那些好色的男性并不适合她,然而她的心却被他们吸引。现在她已经35岁了,依然没有形成正确的择偶观。从某种程度上讲,卡梅拉是想证明自己有能力改变一个花心的男人。她下意识地试图实现她母亲没能做到的事。只有分析一个人的童年和他的情感基础，才能理解他的依恋系统以及他的关系是如何运转的。

❤ 赛莉亚的故事 ❤

赛莉亚25岁了，单身，同父母还有一个哥哥一起住在马德里。她在工作中遇到了困难——上司是一位很难缠的女人，有时候让她精疲力竭。

"我是联络部的秘书。工作任务不重，每天只工作半天就可以，但是我的上司给我极大的压迫感，就好像我们要处理的是国家层面的紧急事件。她给我打电话，朝我大喊大叫，给我提各种要求，修改我写的每一封邮件——哪怕是很简单的邮件，并没有实质内容。她要求非常高，说话的语气也咄咄逼人。有时候她会让我在周末替她处理她家孩子的私事，假如我不接电话，她就会辱骂我，诋毁我。"

我很惊讶她能忍受这样一份收入微薄、人际关系恶劣的工作。

"我不喜欢她对待我的态度，但是我忍下来了，早晚我会去找一份别的工作。"她说。

我请她给我讲讲她的家庭情况。

"我父母的关系不好。我妈妈在家里掌控一切，每天发号施令，精力过分充沛。她没有闲下来的时候，也从不会表现得很亲切。她脾气暴躁，对我们极其苛刻。我还记得她总是周末早上7点就叫我们起床学习、锻炼或者参与一些体育活动。如果我们的成绩没有达到'优秀'，她就让我们重写作业，罚我们没完没了地练书法、做习题和阅读。她还要求我们背诵诗歌和课文来训练记忆力。我们在家从来没有一刻能停歇或者休息。而我的父亲恰恰相反，他话不多，但非常亲切。母亲总觉得父亲拥抱我们的次数太多，对我们太过纵容，所以他们经常为此争吵。"

赛莉亚被一位严厉苛刻的母亲抚养长大，所以当她遇上这样一位上司时，她的警报系统并没有被触发，因为上司对待她的方式与她的情感基础有相似之处，她已经习以为常。她的内在声音——这个我们稍后再详细讨论——会提醒她这种方式是不恰当的，然而她无法理解其严重性。

她把她的惊恐发作归咎于工作压力大，而不认为是她和上司的关系的问题。她最终意识到别人的无礼要求会对她产生深远的影响，也意识到直到现在她都无法为自己划定界限，而只是习惯于忍耐和服从。

我们需要锻炼特定的能力来保护自己，在面对难以忍受的局面时设定边界，学会沟通，表达内心的感受。

现在赛莉亚懂得了什么对她来说是不好的，她已经认识到，假如她还不改变，将来也许会遇到一个对她不好的伴侣，并且自己会把对方的不好当作好，全盘接受。

情感基础能对我们造成持久的较为严重的创伤。当然，希望总是有的，情感基础可以被抑制和治愈。关键在于自我认知，要了解自己的过往。了解我们的出身、我们的情感世界是如何形成的，都有助于我们理解自己，做出正确的决定，改善我们的处境。通过了解和内化我们的情感基础，我们能得到治愈，改变自身的行为模式。

II
在育儿中,爱比理解更重要

　　我父亲对我的生活和工作始终有着重要的影响,他是上天赐给我的礼物。在我的童年和青年时期,我经常去他的诊室看望他。尽管他把大把时间投入到工作中,早出晚归,但他和我们相处的时光让我永难忘怀。他关心我们,陪我们一起玩耍,不仅教我许多东西,还很擅长倾听。他和我母亲的性格各有特点,相互补充。他有一种与生俱来的讲故事的能力,小时候他讲给我听,后来又讲给我的孩子听——童年时,我常常花几个小时听他讲述虚构的奇妙故事,现在他又给他的孙辈绘声绘色地讲这些故事。

　　当我母亲带我们去父亲的办公室看望他时,他会快步走出来亲吻我们每个人,陪伴我们。我长大后开始学医,如果他的患者允许,他会让我进他的办公室,把我介绍给他的患者。对待患者,他总是耐心细致、关怀备至。这就是我和医生这个职业的最初接触,我很喜欢父亲与患者面对面近距离交流的样子!他曾经说过，精神病学是友谊的一个分支。

懂得倾听孩子的问题是父母应该具备的美德之一。第一，我们必须赢得孩子的尊重，成为孩子心目中的"安全港湾"，这样他们在面临任何问题、恐惧或疑惑时，才会向我们求助。但这还远远不够，如果孩子向我们求助，结果发现我们表现得不耐烦、挤不出时间，打断他们，或者以粗暴的方式把我们的观点强加给他们，时间长了，我们就会失去孩子的信任，他们不会再把心里话告诉我们。

我父亲除了健谈，还善于倾听。他不仅为这个家投入了大量时间，还十多年如一日地把工作时间花在倾听患者的问题上。

因此，我们必须学会的第二件事就是倾听。倾听不仅是献出你的时间，还要努力接住对方的话，即使对方说的内容非常无聊。成年人可以轻松解决的小问题对孩子来说可能很困难，他们需要寻求我们的建议或共情。孩子在成年后仍会记得这些时刻，这对于加深父母与子女的连接至关重要。

第三，我们要学会管理情绪，保持耐心。如果你发现自己很容易受挫，可以暂时抽离，分析一下这种负面情绪的来源。要避免你的怒火伤害到孩子，因为负气的话语可能会像一把匕首扎在孩子心上，造成的伤口难以愈合。

有时孩子不听话或者闹情绪，我们可能会发火，这说明我们内心有一个受了伤的、手足无措的孩子。愤怒和叫喊是我们的本能反应，这时，我们的理性和感性都让位于心底最原始的本能。

在这种情况下，我认为还是要和孩子保持距离。你可以暂时走开，把自己关在房间里，但要避免让孩子感到不安。

过度保护还是掌控欲？

近几十年来，依恋已经成为心理学的一个基本支柱，我认为，无论是在家庭中，在教育界，在社会学、心理学还是政治领域，了解依恋都很重要。生活在21世纪的每个人都应该对这个课题有一定的了解，因为它是享受完整生活的基础，也是我们作为成年人、夫妻、父母、孩子和社会人能够达到最佳状态的基础。

人类从出生起就需要关爱、滋养和支持。我们获取这些资源的方式或多或少决定着我们将来的复原力，也就是应对逆境和挫折的能力。较强的复原力能降低日后患上精神障碍的可能。

依恋是两个寻求和维持亲密关系的人之间的情感纽带。它在我们受到威胁时为我们提供安全和保护——照顾者为婴儿提供生存所需的东西：食物、休息环境、清洁、皮肤护理……

据专家介绍，依恋风格是在一岁半到两岁[①]之间建立的。

由于依恋关系的存在，婴儿出生后会有人照顾，而父母需要

---

① 在这个年龄，已经可以通过评估来描述孩子的依恋类型了。接下来我们会看到由玛丽·安斯沃斯开发的一项方法。

具备一些"特质"才能理解和安抚孩子。这些"特质"关乎父母的投入程度、与孩子的亲密度、情绪管理能力和共情能力,这些"特质"是魔法,是爱,是情感,是时间……它们的范畴大得超乎我们的想象。

> 依恋对象应该随时满足新生儿的需求。

刚出生的孩子对父母有很强的依赖性。随着年龄的增长,他们会放下依赖,变得越来越独立。正如拉斐尔·格雷罗所描述的那样,要在依赖他人的基础上成为独立的个体。如果一个孩子在童年时非常依赖照顾者,成年后他就会变得很独立。通过满足孩子的各种需求,父母为他指明了通往独立的道路。这听起来可能有点矛盾,但是亲近孩子,陪伴他、爱他,的确能帮助孩子建立安全感和自尊。

如果我们在童年时期没有以健康的方式得到足够的爱,长大后我们可能会试图用不适合我们的关系来掩盖或填补这一空缺。由于不知道健康的爱恋是什么样的,我们可能会在错误和有害的关系中委曲求全,会害怕失败,并且在面对挑战和做决定时产生自卑感和不安全感。这种不安全感来自内心深处的情感创伤。一个孩子如果感受不到父母的爱,长大后会认为自己不值得被爱,这将在他开始一段关系时对他造成很大的伤害。他会寻求别人的认可，或者倾向于自我孤立，避免去人多的地方或者一直做自己不喜欢的工作。

♥

一个孩子如果在童年时期未能与依恋对象建立情感连接，就会导致他成年后与他人的情感连接松散。

父母是孩子的依恋对象，负责向孩子传递稳定的情绪。

右脑和情感世界

许多年来，甚至是几个世纪以来，人们认为在母亲怀孕期间和婴儿出生后的最初几年里发生的事情对孩子的身心没有影响，因为婴儿"对这些事情没有记忆"，还说"幸好这些事情发生得早"。这时孩子处在非言语交流的阶段，所以人们错误地认为他没有记忆。随着科学的进步，人们取得了令人惊讶的研究成果。如今我们知道，婴儿出生后最初几年里发生的一切都储存在其大脑右侧的情绪记忆中。

我喜欢研究右脑，把它与我遇到的每个人的情绪都联系起来——当你研究右脑的进化历程时，你会对人类有更深的了解。

左脑同样令人着迷，但它比右脑更好懂。左脑从我们出生后的第二年开始发挥作用，它具有分析功能，能对信息进行解读，但它不能将事物置于背景之下进行理解。

将事物置于背景之下并对正在发生的事情进行理解是右脑的功能，这就是为什么它被称为心智半球。我喜欢《情商》作者、心理学家丹尼尔·戈尔曼（Daniel Goleman）的说法，他说正是这个半球穿透了他人的思想，与他人沟通时，右脑就好像连接到了一个神经Wi-Fi。多么通俗易懂的比喻啊！这就是为什么有的人我们一看到就感觉亲切，而有的人我们一看到就害怕。这些镜像神经元，也就是刚才说的神经Wi-Fi，与右脑密切相关，它们把我们与其他人的情感世界连接起来。在我看来，情商和共情能力（与他人的情绪和感受产生共鸣的能力）是人们在社会交往、夫妻关系以及家庭生活中取得成功的关键。比如你只要看着孩子的眼睛，就能意识到他有烦心事或者遇到了什么问题，这就是情商和共情能力。这些信息都是通过悲伤、喜悦、面部表情或语气表现出来的。非言语沟通具有重要的意义。两个人产生了共鸣，他们对视的时候，彼此的右脑就有了连接，父母和孩子、丈夫和妻子、朋友之间等等……情感在双方之间流淌。

我为什么现在提到右脑？因为这个概念非常重要，我们必须了解。在出生后的最初两年里，依恋风格成型，右脑是占主导地位的。美国心理学家丹尼尔·西格尔（Daniel Siegel）称之为"同频"（tuning in）：照顾者的右脑与孩子的连接对确立安全的依恋关系、促进孩子认知能力和情感的发育至关重要。如果没有这种同频的关系或专家们所说的心智对话——右脑与右脑的交流——就很可能形成不安全的依恋关系。

母亲和孩子之间的连接塑造了右脑。当然，基因也很重要，但正是情感和社会环境将右脑雕琢成形。

♥

在母婴交流的具体案例中，每当两个右脑交流时，婴儿的大脑体积就会增大，并产生新的神经元连接。

当你与孩子的右脑连接时，你就会成为一个维他命母亲。当你不害怕表露你的情绪，而且能够体察家人的情绪，努力营造更好的氛围时，你就是一个维他命父亲。当你倾听和关注兄弟姐妹或者父母的困难或需求，帮他们分担、拥抱他们时，你就是维他命孩子。

♥

对孩子来说，不给他足够的关爱就是最严重的虐待。

情感比理解更重要

孩子小的时候要寻求大人的关注和爱护，以此来缓解外界给他造成的压力和痛苦。孩子需要感受到父母的陪伴和爱意。科学已经证实：父母之间关系良好，不经常争吵、恶言相向，而是心平气和地交流，有利于促进孩子的内在平衡。这一结论令人印象深刻。这不是大脑的问题，而是心灵的问题。父母与孩子的互动能产生很好的效果，父母只了解孩子的生理需求是不够的，还要在情感上对他进行回应。

母亲会逐渐学会解读孩子的需求。她用轻拍把孩子哄睡，减轻他的压力，使他平静下来。

父亲会以两种形象出现在孩子的生活中。首先是作为母亲的伴侣、孩子的照顾者以及情感和情绪上的支持者。父亲在这方面表现得越好，他与孩子的关系就会越好。母亲是否情绪稳定很大程度上受到父亲对她的态度的影响。与亲密的伴侣相处，和与疏远的、咄咄逼人的抑或是无情的伴侣相处，结果大不一样。其次，父亲还负责陪玩游戏、组织活动、与孩子们一起度过美好时光。近年来，家庭的结构发生了很大的变化，父母之间的关系会对孩子的依恋系统产生非常重要的影响。孩子生活在一个有暴力行为、缺乏感情、父母经常吵架甚至打架的家庭环境中，遭受的伤害最大。

在婴儿出生后的第一年里，母亲扮演着最重要的角色，而到了第二年和第三年，父亲对孩子人生的影响渐渐变大。当然，父亲的存在也有助于塑造孩子的右脑！他们与孩子的连接是不同的——母亲主要负责安抚和哺育孩子，而父亲除了要支持母亲，在促进婴儿其他方面的发展上也发挥着关键作用。

被忽视的婴儿

人们常常错误地认为，从孩子很小的时候开始，他哭泣时不予理睬，让他自己去哭，自己调节情绪，心里想着"他过一会儿就好了"，这样做会让孩子更坚强、更独立。会这么做的父母一般是害怕孩子被宠坏。

而给孩子关爱、拥抱和亲吻，满足他的需求，就是在用积极的经历滋养他的大脑，帮助他健康、快乐和平衡地成长。

在早期阶段，哭是孩子吸引父母或其他照顾者注意的交流手段。孩子的哭闹是他身体或心理感到不适的反应。

这个话题具有很大的争议性。应该放任他们哭吗？还是应该时刻关注他们？关于这个问题有两个重要的理论。第一个是理查德·费伯（Richard Ferber）提出的"控制哭泣"法，也称为"费伯方法"——通过努力把孩子的哭闹控制在一定程度内来教他们睡觉；与此相反的是成为研究热门的神经生物学理论，该理论赞成每当婴儿哭闹时就去安抚他。

当然还有其他理论。有些理论认为，婴儿只有被抱着才能平静下来并不是好事，因为这意味着他已经"操纵"了家长。无论儿童还是成人，哭泣都是在呼救、寻求帮助。这种不适可能是身体上的，也可能是心理上的，或二者都有——比如感到饥饿、寒冷、孤独，想获得保护或想要妈妈陪伴，总之就是感到不舒服。这并不是操纵。我们不要忘记，小小的婴儿还不懂得如何操纵他人。操纵与前额叶皮质和谷氨酸在该区域的作用有关，但婴儿这部分的神经系统并不活跃。

♥

当婴儿需要关爱的时候，有必要让他感知到父母就在身边。

我非常关注身体是如何激活皮质醇分泌的，几年前我读到过加拿大多伦多大学做的一项相关研究，印象深刻。这项研究对我理解幼儿的行为起到了特别大的作用，研究实验是这样进行的：在两分钟内，不让母亲回应婴儿的任何需求，同时收集婴儿在此期间分泌的唾液。经过分析，科学家们发现婴儿的皮质醇水平很高。到了第二天，还没开始实验，前一天被忽视的婴儿就已经有了很高的皮质醇水平。换句话说，在被母亲忽视之前，他们已经激活了警戒系统。而那些被母亲照顾得很好的婴儿，体内的压力激素并没有增多。

不需要再次经历之前的事件，压力场景的重现就可以激活我们体内的警戒系统。

负责这项研究的戴维·哈利（David Haley）博士观察到，正是父母之前对婴儿的忽视，使婴儿在新的事件发生之前预先对压力做出反应,就像是产生了预期性焦虑一样。另一方面,母亲因为没有听到孩子的哭声,并没有激活警戒系统。

在婴儿哭泣时,父母到底怎么做才是符合自然规律的、可取的?如果我们不理会孩子的哭泣,可能过一段时间(几分钟或几个小时)他就不哭了,甚至睡着了,但这并不意味着他自己平静下来了。从生理层面来说,他的肾上腺系统出现了消耗,我们可以称之为"皮质醇消耗",这使得他无法继续求助;而从情感层面看,婴儿在某种程度上接受了他的父母不会出现、自己不被关注的事实。这就是所谓的训练技巧。

在正常情况下,母亲听到孩子的哭声会分泌催产素,促使她去保护孩子。她还会分泌去甲肾上腺素,帮助她专注于照顾这个小家伙,同时也会加快她的心跳。比如当我有时候在晚上听到我的孩子哭泣时,我会产生心动过速的症状。这是去甲肾上腺素水平的升高造成的。

❤

母亲对婴儿哭声的反应是有神经生物学和进化论依据的。

虽然最新的研究表明,放任孩子哭泣不见得对他有好处,但据我所知,仍有父母认同"哭能增加肺活量"这样的老套说法。实际上,照顾哭泣的孩子并不会宠坏他们。如果你的孩子哭了,请安抚他、关心他，这样他长大后可能会成为更健康、更快乐、更优秀的人。

我记得有一次我生孩子的时候，有人告诉我有一种设备可以"读取"婴儿的哭声类型，并会对如何安抚婴儿提出对应的建议。我不想一开始就过于依赖技术手段，为凭母性本能就知道的一些东西寻找答案。生了四个孩子后，我发现有必要观察每个孩子，积累经验。育儿的模式类似，但每个孩子都拥有一个独特的小世界。我的大儿子总是肚子疼，难以缓解，让初为人母的我束手无策，筋疲力尽。那几个月有很多人劝我："让他哭吧，他在操纵你，他只是想让你抱着。"几个月后，我们发现他有食物不耐受的症状，赶紧采取了措施，过了几天他就不哭了。

我明白，面对哭泣的孩子，人们可能会感到手足无措、心力交瘁。有时，把他抱在怀里、喂奶或轻轻摇晃可以起到安抚的作用，但很多时候这些方法也无济于事。当你的宝宝因为过敏反应哭闹时，如果抱着他就能让他平静下来，那又何乐而不为呢？

我们必须明白一个事实：伤害婴儿的不是哭泣本身，而是他没有得到关心和安慰。长期处于警戒状态可能会导致过度敏感的压力反应，影响孩子的一生，使他成年后很容易过度不安。

我们不要忘记，在出生之前的九个月里，母亲的子宫一直"保护"着他，让他免受内部和外部刺激的滋扰。如今很多人想知道可以放任孩子哭多久。几秒钟？几分钟？到现在还没有确切的答案，但我的建议是不要让孩子持续哭泣超过两分钟。走过去，安抚他，轻轻摇晃他，给他挠痒痒、喂奶，帮助小家伙摆脱警戒不安的状态。如果你感到绝望和疲惫，不知道怎么做才好，我建议你让家人或亲密的朋友暂时接管孩子，几个小时或几个晚上都好。这样你就可以恢复体力，重新打起精神周到仔细地照顾你的孩子。

夜晚可能很累人，孩子的腹痛让人不安，困倦让人烦躁，所有这些都可能妨碍你做出应有的反应。如果你有疑问或想了解更多这方面的信息，我建议你参加阿曼多·巴斯蒂达（Armando Bastida）的研讨会，她对母性和母乳喂养有着非常独到的看法。

我记得几年前在机场看到过一个场景。当时我在登机口，听到一个婴儿哭得很伤心。我已经习惯和孩子们生活在一起了，所以听到哭声我吓了一跳。我知道那不是我的孩子，但那哭声仍让我不安。我转身看到一位母亲坐在那里，眼睛盯着手机，她旁边是一辆婴儿车，一个大约6个月大的婴儿正在车里拼命地哭着。这位母亲无动于衷，好像没听见一样。我不明白为什么她对自己的孩子这么冷漠。许多旁观者都面面相觑，很不理解。我等了几分钟（感觉仿佛等了很久），终于忍不住走到那个女人面前。我知道，在教育的问题上，没有人喜欢别人指手画脚，也没有人喜欢听别人的意见，但我没办法继续沉默下去了。我问她："孩子需要帮忙吗？"

"他已经吃饱了,我也给他换过尿布了。他哭只是因为任性,不用管他,这样他会变得更强大。"她继续盯着手机,头也不抬地回答。

我的背上冒出了冷汗。我又看了看孩子,他绝望哭泣的神情令人心碎。我不知道该怎么做才能提醒这位母亲去照顾她的孩子,同时又不惹她生气。我看到周围排队的几十个人都在望着我们,因为孩子还在不停地哭着。

我灵机一动,对她说:"我儿子耳朵感染时也这样哭,你看看他有没有发烧?"

我的话终于引起了这位女士的注意。她抬头看了看我,摸了摸孩子的额头,孩子反射性地抓住了妈妈的手,开始平静下来,手一刻也不舍得放开。

"不管他到底是为什么哭,他现在显然需要你,你的亲近能让他平静下来。我有好几个孩子,"我继续说道,"放任他们哭泣从来都不是解决办法,特别是当他们这么小的时候。"

她不情愿地把孩子抱在怀里,几秒钟后孩子就不哭了。当我回到候机的队伍中时,我身后的一位女士说:"别人都教我孩子哭的时候不要管,但我知道我不应该听他们的,我对我的孩子太冷淡了,现在我很懊悔。我母亲让我不要老是抱孩子,这让我很难过、很心疼,但她说话很有分量,她坚持认为这样对我的孩子有好处,可以提高他们将来的适应能力。我的孩子与我非常疏远，我很难跟他们心意相通。从他们小的时候起，我几乎没有抚摸过和抱过他们。"

刚才在登机口发生的一幕对她打击太大了，她落泪了。我十分温和地向她解释了婴儿的大脑和皮质醇是如何工作的，还告诉她一些跟成年后的子女改善关系的方法。最后，她开心地笑了，满怀希望地告诉我："再过几个月我就要当祖母了，我想用我学到的新知识让我的孙辈感到被爱和被关心！"

一个对孩子的哭泣无动于衷的母亲，很可能成长于一个冷漠的环境，她自己小时候可能也没有得到关怀；也许她是迫于环境的压力，因为大家都说过多的呵护和关注对宝宝不好。如果一个婴儿的需求得不到满足，他的大脑就会渐渐默认自己不值得别人关注和爱护。这可能会引发习得性无助，也就是婴儿意识到无论如何呼唤父母都不会得到他们的关注，所以干脆就放弃了。

有的人可能会冷漠地认为，这样宝宝就不会打扰别人，也不会记得曾经的哭泣，但这种模式很可能会积重难返，使宝宝形成不安全型依恋。别忘了，在这几年里，他们的大脑正在飞速发育着，未来会根据这段时间的经历来采取行动。

♥

照顾者的反应对婴儿的生存和身心发展非常关键，如果这还不够引起你的重视的话，我想告诉你，它对物种的延续也至关重要。

过度保护孩子是否会使他们被宠坏?

人们误认为父母对孩子展现出过多的爱会娇惯出专横的孩子。这种误判源自旧时的观念，那时的家庭都是父权制的，亲子沟通极为匮乏。人们有很多错误的理念，比如追求家长的权威，倡导子女顺从父母、敬畏父母。幸运的是，现在"专制"的家庭越来越少，但部分人仍然相信"爱会惯坏孩子"这种说法。打屁股、大声训斥、羞辱……这些都会对孩子的大脑造成很大的伤害。

从教育的角度来看，家长的过度保护会减缓孩子的成长速度。例如，代替孩子写作业会使孩子缺乏责任感。面临刺激时，我们的大脑有两个区域较活跃。当我们感到恐惧时，杏仁核就会被激活，前额叶皮质负责帮助我们找到解决方案，消除恐惧。如果每一次孩子害怕，都有父母、老师或其他照顾者出面解决，他的前额叶皮质就会因得不到锻炼而无法做出正确反应，他只能感受到杏仁核带来的恐惧。换句话说，一个被父母过度保护的孩子会感到恐惧，这会衍生为深层的不安全感。一个不知道如何做决定或解决问题的孩子，在成年后将会难以形成自我认同。这样的孩子在未来面对挫折时将会束手无策，不能很好地处理情感方面的问题，也不懂得使用正确的手段来解决自己内心的不安。

如果你是一名家长或老师，你大概会想："要区分关心、过度保护和纵容哪有那么容易，很多时候我根本不知道该怎么做！"其实关键在于，在爱的流露和表达上，必须有界限，不能通过大喊大叫或身心虐待的方式来表达爱。关键是要表现出爱心和关怀，和风细雨地对待孩子。

说到这里，我认为有必要澄清一下，需求和任性的要求是有区别的。我想引用拉斐尔·格雷罗的观点来解释这一点。

· 需求是生存和身心健康所必需的；

· 任性的要求是额外产生幸福、快乐和满足感的东西，对生存来说并不是必要的。

那么，我的建议是什么呢？

· 去拥抱，去爱，去说"我爱你"；

· 照顾婴儿时，不要认为他们在操纵你（当他们还是婴儿时，大脑中负责操纵他人的区域还不活跃）；

· 倾听并理解你的孩子；

· 关心他们；

· 帮助他们解决问题，但不要直接给他们解决方案；

· 在他们身后默默帮助，但当他们开始掌握技能时，让他们自己尝试；

· 不要在他们悲伤的时候用礼物或者物质来补偿他们，也就是说，不要让他们习惯于用物质来平复负面情绪。接纳并倾听他们的感受和挫折，包容他们（有时候很难！）并重新引导他们；

·不要总是把惩罚当作教育手段！惩罚会引发孩子的恐惧，孩子会出于恐惧服从你的要求，而不是自己真正想通了问题所在；

·要善于共情，也就是说，设身处地地去理解他们的感受，拥抱他们，开解他们，接纳他们的负面情绪；

·如果引导得当，挫折也能变成孩子成长和成熟的绝佳机会。这并不意味着要刻意让孩子经历许多不必要的挫败，但假如某天孩子遭遇了挫折，这样的经历可以成为他们在情感世界中前行的跳板。

不管怎么说，重要的是满足幼儿的需求，这样他们长大后才能变得独立。

12
解离：创伤性依恋触发大脑的按钮

如果没能正确地教育我们的孩子，我们会深感恐惧或内疚。我们看新闻和书籍，听关于教育的讲座，很多时候都会懊悔自己在教育孩子方面做得有所欠缺。有时我们很清楚孩子很痛苦，可能会发展成不安全的依恋类型，但我们不知道究竟该怎样做。我想告诉你：别放弃，办法总比困难多。

一个人如果在童年时期没有得到充足的爱，成年后就会缺乏共情能力，对他人的情绪和感受表现得很冷漠——就像一种情感上的麻木。这些人因为害怕表现得脆弱，会压抑和否认自己的情感。

丹尼尔·西格尔解释说，安全型依恋的孩子能学会与父母加强连接，调和关系。父母会感知到孩子的内心状态。有学者认为，非常痛苦的创伤会导致连接右脑和左脑的器官——胼胝体的纤维受阻，作为一种保护和适应机制抑制孩子改善与照顾者关系的能力的发展。

当你读到这里,你可能会意识到你的情况属于不健康的依恋类型。你知道伤害你的一部分恐惧和负面行为源于你与父母糟糕的依恋关系。

一个人如果在童年留下了缺爱的创伤,成年后会试图弥补情感上的空缺。我们听过许多名人的例子,他们童年的创伤造成了可怕的后果。

我想到了华特·迪士尼。他在事业全盛时期为父母买了一栋房子,不幸的是,一次烤箱事故夺去了他母亲的生命,这给迪士尼留下了深深的创伤。

在包括《白雪公主和七个小矮人》《美女与野兽》《木偶奇遇记》《小鹿斑比》《灰姑娘》《森林王子》《小飞侠》《小美人鱼》《阿拉丁》《钟楼怪人》《风中奇缘》《海底总动员》《美食总动员》《星际宝贝》《冰雪奇缘》在内的三十多部迪士尼电影中,都有主角的父母不露面或者从主角的生活中消失、给其带来巨大创伤的情节。

还有查尔斯·狄更斯的例子。查尔斯·狄更斯是英国家喻户晓的作家,在他在12岁时,他的父亲因债务问题被关进了监狱,这件事给他留下了深刻的创伤。狄更斯不得不告别相对舒适的生活,到一个鞋油厂打工,每天与老鼠为伴,身处的环境极为恶劣。除了他的妹妹,他的所有家人都被关在监狱里。在工厂工作的那段时间对他来说是一种耻辱,这些创伤都体现在他的小说中。他的《雾都孤儿》和《小杜丽》等很多小说里的角色都拥有不幸的童年,这些悲伤的故事是他童年的真实写照。

今天,在21世纪初叶,许多歌手、演员和其他有影响力的名人都承认在小时候遭受过创伤。许多人需要借助毒品、性或金钱来治愈情感上的空虚。

好消息是,如果谨慎小心地对待这些创伤,它们是可以被治愈的。

从青春期到成年期

童年创伤的不利影响在青春期开始显现。青春期是一个激动人心的阶段,是年轻人寻求独立和寻找自己在世界中的位置的阶段。

从某种程度上说,我们在童年时接受的教育、爱和教导决定了我们在青春期时的样子。如果我们在小的时候被剥夺了爱和同情心,那么我们会难以管理情绪,进而追求强烈的刺激,甚至是完全有害的刺激。

如果未成年人的照顾者(依恋对象)是积极向上的,对孩子付出关爱的同时设定明确的规则,那么在这个时期亲子关系不一定会产生很多冲突。在这一时期,孩子的快速成长也伴随着内心的挣扎。有一个强大的情感支柱将帮助他们更轻松地度过这个时期。有些青少年争强好胜、冲动暴躁，往往是因为他们在童年时期没有被教导以健康的方式去爱，去表达自己和受到认可。这种愤怒和极具破坏性的行为源于自卑、深深的挫折感或脆弱的情感世界，会导致人格障碍、广泛性焦虑症，使人产生明显的抑郁倾向，不断寻求刺激，对某些物质上瘾，甚至难以找到伴侣或维持一段感情。

遭受过虐待的儿童在某种程度上被误导，认为爱与虐待共存，这种错误的认知塑造了他们成年后对爱的看法。他们在成长过程中相信那些爱他们的人同时也会伤害他们，并且觉得这种伤害很正常。但是，如果在这个阶段出现了好的依恋对象——一个男人或女人，一个朋友、一个导师、一个叔叔等——这些脆弱的年轻人就可以焕发新的生命力。找到一个维他命人，治愈我们内心的创伤，永远不会太晚。

陌生情境

我在前文提到了三位研究人员，接下来向你介绍其中的玛丽·安斯沃斯博士的研究。这位美国心理学家在伦敦的塔维斯托克研究所参与了鲍尔比领导的一个项目，之后又继续研究依恋问题。她研究了母亲与孩子分离对孩子大脑和身体产生的影响以及对孩子人格发展造成的后果。

她在坎帕拉对母亲和孩子的关系开展研究,后来又通过名为"陌生情境"的实验法进行了一系列关于母亲和孩子如何互动的实验,最后提出了依恋的三种主要类型。

她关于童年和大脑的研究一直让我着迷。这项研究的目标是用实验证明依恋理论。我推荐所有的父母了解这个实验,然后从孩子一岁开始建立他们的依恋风格。

大约有100名一岁到一岁半的儿童参与了这项研究。"陌生情境"包括8个阶段,每个阶段大约3分钟,如果儿童感到痛苦或无法忍受,时间可以缩短。各个阶段的形式如下:

①母亲带着孩子走进一个有很多玩具的房间。

②孩子在房间四处探索,玩玩具。

③一个陌生人进入房间。刚开始,母亲和陌生人不交谈。过了不到一分钟,他们就开始聊天。不久后,陌生人试图接近孩子。

④母亲离开,把孩子和陌生人留在了房间里。这是第一种分离情境,用于观察孩子对失去母亲陪伴的反应。

⑤如果需要,母亲可以回到房间安抚孩子。陌生人离开房间。

⑥母亲离开,让孩子独处。

⑦陌生人很快就回到房间,尝试与孩子互动。

⑧母亲回来,陌生人离开房间。

玛丽·安斯沃斯试图通过这个实验程序来分析：

· 孩子如何寻求与母亲的亲密接触，也就是如何互动？

· 母亲能否轻松地让孩子平静下来？

· 孩子被母亲安抚后，多久能回到玩耍的状态？他是否很难回到玩耍的状态？

· 与母亲分开后，如果有陌生人在场，孩子会有怎样的表现？

在研究了这些变量后，她发现了三种不同的依恋类型。

· **安全型**：这种类型的儿童有积极探索行为，与母亲分离时感到不安，但当母亲回来时，他们会有积极的反应，很容易被安抚。

· **回避型**：这种类型的儿童表现出疏远行为，与母亲分离时不哭，倾向于专注地玩玩具，躲避亲密接触。这些儿童的情感世界与外界脱节，他们似乎并不关心母亲是否离开。

· **焦虑-矛盾型**：这种类型的儿童对分离有强烈的反应，表现出焦虑和抗议的行为，如哭泣和黏人。他们往往很愤怒，不容易平静下来，也很难切换回探索外界的状态。

看到研究结果后，许多人错误地认为，最坚强的孩子是那些在母亲离开时没有受影响的孩子，认为那些孩子能更好地承受母亲的离开和另一个人的闯入，由此提出了许多关于如何教育和管教儿童的理论。多年以后，有研究更深入地分析了那些回避型依恋的儿童（那些在母亲离开时似乎没有受到影响的儿童），并取得了突破。有证据表明，他们的神经系统发生了变化，他们出现了心动过速，肌电图有变化，他们的身体在承受压力。事实上，他们血液中的皮质醇水平升高了。这些儿童在成年后有很大的概率出现躯体化和焦虑的症状。

♥

孩子在童年时期形成的依恋关系类型对他长大后管理情绪、应对冲突、付出爱和情感的方式有决定性的影响。

不安全型依恋的类型

依恋分为两种类型：安全型（我喜欢称它为维他命型，稍后会详细谈及）和不安全型。先来说一说不安全型依恋。

不安全型依恋是一种风险因素，在未来有可能使人发展出情绪障碍或心理障碍。什么是风险因素呢？你可以把它想象成吸烟与肺部疾病或肺癌的关系。不是每个吸烟的人最后都会患上严重的呼吸道疾病，但我们知道吸烟会增加患上这种疾病的可能性。

许多遭受不安全型依恋之苦的人不知道如何表达，也不知道该向谁倾诉。阅读有关资料、参加治疗小组、观看可以获得认同感的电影都会有帮助。在生活中，可以观察他人和倾听他们的经验作为借鉴。与其他有类似经历的人交流，或者寻找一个不会评头论足的有耐心的心理咨询师，都能让你得到启迪。

不安全型依恋最终是否会导致严重的情绪或心理障碍，取决于一系列变量，我认为有必要展开讲讲。

❤ 洛佩兹家的故事 ❤

豪尔赫今年30岁，在四个兄弟姐妹中排行老大，已婚，有一个两岁的女儿。他为他的三个弟弟妹妹约了心理咨询，他们分别是：克里斯蒂娜，28岁；克拉拉，25岁；里卡多，20岁。

他们的父母十年前就分开了。母亲是个酒鬼，父亲一直替她掩饰，直到两个人无法共同生活下去，最终选择分手。

四个孩子刚开始时和父亲一起生活，但几个月后父亲被诊断出癌症晚期，一年后去世了，孩子们转由母亲和已经年迈的外祖父母照顾。

几个月后，他们的母亲死于肝硬化。豪尔赫在完成学业后，决定开始工作，他同时充当父亲和母亲的角色，照顾弟弟妹妹们。后来他交了一个女朋友，两年后结婚，并带着三个弟弟妹妹一起生活。

豪尔赫作为长兄有很强的责任感，对自己要求很苛刻，不允许自己失败。亲身经历了父母的闹剧后，他与周围的人，包括他的妻子，都是一种家长式关系。他很难表达自己的情绪，有些时候还会惊恐发作。

克里斯蒂娜从12岁起在一所寄宿学校就读了两年，当时家庭情况困难而复杂。她在学校幸运地遇到了一位老师，仿佛把她当成了自己的第二个母亲。这位老师与丈夫分居，有两个女儿，其中一个与克里斯蒂娜同龄。克里斯蒂娜在老师家生活了很长一段时间，在那里她感到快乐、安全、被人爱护。她与父亲关系融洽，但父亲和哥哥豪尔赫都不太擅长表达爱意，所以她现在很难与男性建立健康的关系。

"我觉得我以后不会结婚。"她肯定地说。

克拉拉是老三。她从小就被诊断出患有糖尿病，并且是高敏感型人格。她受到了家庭矛盾、各种问题和挫折的极大影响，并且很依赖周围的人。她不能很好地适应大学生活，已经开始在一家公司做实习生。

"我几乎每天都不开心，我认为这种生活不值得过下去，我很难找到不对我造成伤害的人。"她承认。

里卡多最小，是母亲的心肝宝贝，母亲去世时他才12岁。在童年时期，他对周围发生的事情都很懵懂，母亲向他隐瞒了自己的问题。父亲在生命的最后几个月给了他尽可能多的爱护。尽管家境不好，他还是得到了父母双方的爱，外祖父母和哥哥姐姐们也很照顾他。

里卡多是一个开朗、爱笑、有魅力的男孩，经常谈论他的风流韵事。

"我一直觉得所有和我一起生活的人都非常爱我。我很幸运，我身边的人都非常可靠。"他告诉我。

奇怪的是，作为最小的孩子，他似乎并没有因家庭的闹剧而受到很大的打击。

四个兄弟姐妹拥有共同的家庭背景，但由于家庭变故发生时他们的年纪不同、性格各异，父母与他们的关系也不一样，因此每个人受到的影响也不相同。

我们都知道，同一个家庭中的孩子成长环境比较类似，孩子或者像父亲，或者像母亲。了解孩子的个性有助于理解他的依恋类型对他产生了什么样的影响。

创伤性依恋是否会在成年后发展成严重的障碍，取决于一系列因素。

· 变故或者创伤发生时的年龄：发生在新生儿时期、5岁还是青春期，对孩子造成的影响不同。发生的阶段不同，影响就不同。

·如果有其他成年人出现，为孩子提供亲情和安全感，就能把伤害程度降到最低。

·创伤的持续时间。

·孩子本身的个性。在多子女家庭甚至是有双胞胎子女的家庭中，每个孩子面对冲突的反应可能都不相同（事实证明确实如此），因为每个孩子的性格和复原力都不同。

法国神经精神病学家伯里斯·西鲁尔尼克（Boris Cyrulnik）解释得很准确：创伤后的复原力是在遭受创伤后重整旗鼓的能力。在经历了逆境之后，人们重新振作，开启新的旅程。

复原力强的人有坚韧的性格，可以帮助他们在面临困难时继续前进。这种坚韧不拔的性格有很多是在童年时形成的，来自父母给予的安全感、健康和谐的家庭环境、在困难时刻寻求他人支持的能力等等。

如果一个孩子的父母长期不和，他没有从家里获得爱和安全感，长大后性格就会变得脆弱。

根据每个孩子的性格，照顾者应尽量为他们提供差异化的健康的互动，从而帮助每个孩子充分发挥潜力。父母人生中的悲欢离合很多时候都会影响孩子的内在平衡。

如果父母设法帮助孩子形成安全型依恋关系，它就会像"疫苗"一样保护他们，避免他们在未来无所适从。相反，那些不安全型依恋者面对具有挑战性的事件（失去工作、孩子考试不及格、得知诊断结果或与朋友吵架等等）时很难支撑下去。当一个人"带伤"进入成年阶段，遇到的一切都会对他造成压力。这就是他与那些在安全型依恋关系中长大的人的不同，后者通常知道如何更好地应对日常生活中的突发事件。

不安全型依恋可以进一步细分为以下三类。

（1）焦虑-矛盾型

这种类型约占全部依恋类型的百分之十。当照顾者对孩子的需求反应过度时，就会出现这种情况，常见于非常情绪化和焦虑不安的父母中。这些孩子在与母亲或依恋对象分离时，会表现出强烈的痛苦。

在这种依恋关系中，安全型依恋者的行为夹杂着不满或反抗的行为。这种依恋关系的成因在于父母喜怒无常，前后矛盾，性情不稳定。孩子对父母回应自己需求的能力没有信心，不知道父母会有怎样的反应。

如果我们在玛丽·安斯沃斯的"陌生情境"下进行分析，这些孩子探索环境时并不放松，随着依恋对象离他们越来越远，他们会不断回头查看，确保自己没有被抛弃。实验表明，当母亲回到房间时，这些孩子并不能马上从痛苦中解脱。

安斯沃斯观察到，这些母亲的情绪不太稳定。也就是说，有时她们会对孩子的呼唤做出亲密的回应，有时候则表现得漠不关心或一脸无奈。她注意到，有焦虑和不安全型依恋特征的孩子不愿意与母亲分开，当母亲离开他们时，他们会非常痛苦，甚至会愤怒地尖叫和哭泣。奇怪的是，当他们的母亲回来时，他们仍然表现得很痛苦，有些孩子还会弓起背，好像要保持一定的距离。为什么呢？因为这些孩子害怕再次被母亲抛弃，一定程度上抗拒被安抚。

在父母一方离家出走或者父母关系不牢固的家庭中，都可能发生这种情况。父母分居或离婚后的那段时间，孩子会格外脆弱，必须特别注意向孩子解释分手的原因，并告诉孩子如何与离开的父母一方进行联系。一定要记得，不要谴责任何人，在这个痛苦时期，创造一个安全、平和的氛围可以避免破坏孩子可能拥有的安全型依恋关系。

同样，如果父母在危机过后复合，孩子可能会感到很开心，但也可能会害怕父母再次分离，他们对被遗弃的恐惧会被再次激活。并非每个父母分居的孩子都会发展出这种依恋风格，只是如果父母处理不当，这种情况会提高孩子发展成不安全型依恋者的风险。

简而言之，父母或照顾者如果不善于控制自己的情绪，会对孩子造成影响。父母在应对孩子的哭闹、顶撞、成长危机和迷茫时，自身情绪产生了波动，不知道如何疏导，所以变得阴晴不定，让孩子觉得他们难以捉摸。他们经常从焦虑的照顾者变成冷漠的照顾者或者有爱的照顾者。

在父母的矛盾情绪中成长的孩子，在遇到问题时，根本不知道迎接他们的会是父母的呵护还是冷漠。这会导致他们成年之后在人际关系中处于警戒、缺乏自信和不安全的状态。在选择伴侣和与他人相处时，他们会非常焦虑。他们需要得到对方的关注，如果得不到，他们就会闹情绪、猜忌、害怕被抛弃、咄咄逼人和想要逃跑。"不想和你在一起，但又不能没有你"恰当地描述了这种状况。像他们小时候一样，他们长大后还是会害怕被拒绝。

这种依恋类型的成年人常常害怕伴侣不爱他们，有一种被抛弃的恐惧，这导致他们会揪住伴侣的问题不放，甚至幻想出一些莫须有的问题。

需要被认可

害怕被拒绝

依赖身边的人

焦虑–矛盾型依恋

焦虑-矛盾型依恋的儿童在以后的生活中可能会患上人格障碍，其中最常见的两种是依赖型人格障碍（DPD）和边缘型人格障碍（BPD）[1]。92%的边缘型人格障碍患者属于焦虑-矛盾型依恋。

❤ 费尔南达的故事 ❤

费尔南达陷入了感情危机，她承认问题出在自己身上。

她说："我有很严重的疑心病，我和男朋友阿尔瓦罗在一起时很痛苦。我不知道自己是怎么了，每天都提心吊胆，觉得他要离开我。我经常问他有多爱我，以后会不会离开我。我的控制欲很强，我想他已经开始对我感到厌倦了。"

我问了一些关于她童年的事情。她说小时候父母的关系很糟糕，但她很快乐。她跟着父母一起旅行，做家庭游戏。她父母经常发生争执，那种时候谁都顾不上她。

她说："就好像我在家里不存在一样。"

她说，父母关系好的时候会关心她，但他们闹矛盾的时候就会忽视她。

费尔南达没有安全感，很自卑。她想要证明自己对

---

[1] 边缘型人格障碍涉及的人格特征是情绪不稳定、寻求刺激和精神上有空虚感，患者在人际关系上有很大问题。

亲近的人很重要,当她感到孤独或被忽视时,她就会努力引起他们的关注。

费尔南达弄不清楚状况,经常放大别人的反应和行为。小时候,她希望父母永远爱她,长期生活在害怕被父母忽视的恐惧之中。当父母关系融洽、对她关爱有加时,她的恐惧感就会消退。

她从来没有意识到自己形成了焦虑-矛盾型不安全型依恋,与阿尔瓦罗的关系也是在重蹈覆辙。通过对她的背景和创伤进行研究以及协助她进行情绪管理,她的进步越来越大,已经结婚生子,正在与丈夫和孩子培养一种更健康的依恋关系。

(2)回避型

在这种依恋类型中,母亲一再忽视婴儿的需求,阻碍了信任感的培养。如果孩子表现得过于敏感、脆弱或软弱,母亲会觉得自己很失败,所以她任由孩子哭闹,拒绝回应孩子的需求。

关于这点我在前面提到过,这些父母所接受的教育使他们认为,放任孩子哭泣、不理会他的需求有利于孩子的独立和发展。这些父母也可能不太会表达爱意,总是要求过高,无法调整和管理情绪。

这些孩子已经假定自己不能依靠照顾者,因为他们没有得到应有的支持,并学会了在缺乏关爱、不被欣赏的环境中生活,习惯了在需要父母的时候没有他们的陪伴。

如果孩子因为哭泣、抱怨或请求帮助而受到惩罚,他就会为了能跟父母亲近、不被他们拒绝而压抑自己的情感。这就是为什么他们从小就变得独立,会自己照顾自己。他们觉得自己不需要任何人,敞开心扉或寻求帮助会使他们变得脆弱。

♥

> 回避型依恋的孩子将发生在他们身上的事情都看得很淡,而焦虑-矛盾型依恋的孩子会想尽办法得到父母的关注。

调查表明,世界上20%的人都属于回避型依恋。这些成年人知道,向他人表明自己的需求或感受,并不能获得积极的反响或回应。在成长过程中,他们会认为自己的情绪和感受对最亲近的人来说并不重要,因此,他们压抑和收敛了自己的大部分感受,倾向于不在情感上依赖任何人。这些人往往看起来像个绅士:从小就表现出一种独立和成熟的气质。这种情感上的冷漠有时会转化为优越感,导致人们以某种傲慢、玩世不恭或苛刻的态度对待他人。

这种人很难与他人建立健康的关系,并为此感到深深的困扰。从外表上看,他们给人的印象是坚强而独立的,但很多时候这是一种伪装,背后是深深的不安全感。回避型依恋实际上是一种避免自己遭受更多痛苦的保护机制。

这种人往往不擅长管理或表达自己的情绪，具有述情障碍，很难谈论或分享他们的情感世界。因此，当有人接近他们或试图与他们建立更亲密的关系时，他们不知道该如何应对，会为此苦恼。

这种人很难呈现自己真实的一面，宁愿有所保留，用脑多于用心。他们仿佛在按照教科书与别人相处，而不是跟着内心的感觉走。

> 无法表达情感和情绪
>
> 无法设身处地地为他人着想
>
> 难以与周围的人（伴侣、家人、同事……）
> 保持亲密关系
>
> 表现得很独立，并常常为此感到自豪
> （这种独立往往是极度没有安全感和自卑的结果）
>
> 避免表达激烈的情感和情绪
>
> 害怕被遗弃或抛弃

回避型依恋

在玛丽·安斯沃斯的实验中，这种依恋类型的孩子在母亲离开房间时无动于衷，在母亲回来时也并不高兴。他们甚至会避免与父母亲密接触，而且总是面无表情。问题在于，在父母不在的时候，他们体内出现了躯体化的症状——皮肤电传导、心动过速和皮质醇水平升高。

❤ 拉盖尔的故事 ❤

拉盖尔已经和古斯塔沃交往了几个月，但他们经常产生争执和分歧。

"我非常爱她，"古斯塔沃说，"她是个很优秀的人，但她很难跟我沟通。"

古斯塔沃是安全型依恋者，他从小就从父母那里得到了健康的关爱，能觉察到他女朋友有心事。

拉盖尔在与他人的接触中表现得疏远和冷淡。当我让她谈谈她和古斯塔沃的关系时，我发现她不知道如何表达自己的情感。

"我母亲是德国人，父亲是西班牙人，"她说，"我的家人不喜欢表达感受或情绪。父母都是要求很高的人，在我印象里我从来没有跟父母交过心。他们总是要求我们争取最好的成绩。在我们家，我们会谈论政治、经济、历史和文学，但从不谈论与情感有关的事情。我们不拥抱彼此，也不说'我爱你'。对我们来说，表达情感意味着软弱和脆弱。我总是理性地思考问题，理性地做决定，因为如果你谈感情，你一定会犯错。"

拉盖尔很聪明，在治疗过程中，她懂得了回避型依恋的含义。我给她一些专业书籍让她阅读，几天后她给我发信息："帮帮我，我想改变和纠正我的依恋关系。"我们一直在拆解她习得的那些令她痛苦的行为模式，她不断卸下防御，用心去练习。现在她已经学会了用肢体语言和话语来表达情感。她和古斯塔沃的关系有了很大的改善，对此他们都有所觉察，我打赌他们将来一定能走到最后。他们在分别单独接受心理治疗，这对他们关系的进展非常有利。

❤ 赫克托的故事 ❤

赫克托个子高高的，很严肃，让人觉得有距离感。他从事教育工作。我注意到，他在咨询时很难放松，看起来很不自在。

我问他怎么了，他回答说："我妻子想离开我，说我像一座冰山。"

赫克托的父母离婚了，母亲在他很小的时候就离开了他们，和另一个男人远走高飞，建立了新的家庭。他和父亲一起生活。几年后，他父亲患上了严重的抑郁症，于是他们搬去了祖父母家，他和祖父母一起照顾他父亲。他向我谈起他的母亲，言语间满是愤怒和排斥："她抛夫弃子，离开了我，只在我生日时给我打电话。我恨她。"

他的祖父母是非常冷漠的人，非常保守，不善于表达。

"没有人教我谈论情感，我从来不觉得自己是被爱的。"

他是个优秀的学生，一直用功学习，成绩优异。

"我拿到三个学位，完成了两篇博士论文。我给好几个年级的学生授课，还在英国一所学校任教，每个月过去两次。"

赫克托只有在谈论知识或专业话题时才会放松。当我把话题转向他与妻子的关系时，他告诉我："我们是在英国的大学里认识的。她是另一个系的讲师，我们做了一些联合研究，之后很快开始交往。她是一个聪明的女人，但在我看来太多愁善感了。"

当我见到他的妻子时，我发现她外向、热情，非常聪明。

"我喜欢赫克托的理性和智慧，我从来没见过像他一样擅长论证的人。我们认识几个月后就结婚了，但现在我很难忍受和他一起生活，尤其在疫情期间，我们相处更艰难了。他不会爱人，无法理解我的感受。和他谈情感是不可能的，他封闭了自己。我已经受够了，再也受不了了。"

赫克托的情况很复杂。他经历了严重的童年创伤：被母亲遗弃，还要面对父亲的抑郁和祖父母的冷漠。他从来就没拥有过健康、安全的依恋关系，也从来不觉得自己的情绪对别人很重要。他已经接受了几个月的治疗，但进展比较缓慢，因为有很多东西需要疏通和治愈。不过他正在逐渐理解和接受情感层面的生活，他的妻子也慢慢地注意到了他内心正在发生的改变。

我的工作目标是将拉盖尔和赫克托的回避型依恋转化为安全型依恋。我使用了 EMDR 疗法[①]（详见 161 页）来重现童年时期他们需要爱或关注的场景或时刻。在我帮助他们了解和理解自己的情感历史的过程中，他们的创伤慢慢被治愈，他们的感情生活也有了转机。利用行为准则锻炼情商，可以帮他们更好地表达情绪、面对冲突以及管理情绪。

---

① 痛苦可怕的经历会给人造成终身的心理创伤，使人患上恐惧症。美国心理学家弗朗辛·夏皮罗（Francine Shapiro）发现了一种对心理疾患有效的治疗方法，即医生伸出两三根手指来引导患者的目光左右移动，同时进行有关提问，从而使患者恢复记忆，忘记恐惧，让心情平静下来。这种方法被称为"二指疗法"，英文缩写为 EMDR。——编者注

对不安全型依恋者来说，多和安全型依恋者（不管是朋友、同事还是伴侣）相处是很有效果的疗法。

♥

依恋的两个支柱是自主性和连接。两者之间必须有一个良好的平衡。对于焦虑-矛盾型依恋者，与别人的连接占主导地位。对于回避型依恋者，自主性占主导地位。

（3）混乱型

它是焦虑-矛盾型依恋和回避型依恋的混合体。

自卑

有注意缺陷多动障碍（ADHD）

攻击性强

有或轻或重的精神障碍（焦虑、抑郁、药物滥用、精神病性障碍……）

情绪管理方面有问题

渴望关注，有时会有反社会行为

混乱型依恋

这种依恋类型的孩子行为举止前后矛盾，有情绪爆发的倾向，很难与照顾者相互理解。形成这种依恋类型的一个原因是照顾者对婴儿发出的信号做出了不恰当的回应，孩子在成长过程中无法预判照顾者的反应。

当这种类型的孩子成年后，他们可能会重复童年时看到的行为模式，也可能会有不同的表现，从充满攻击性的人变成富有魅力或善于操控他人的人。他们历尽挫折、愤世嫉俗，觉得没有人爱自己，也拒绝与他人建立关系，尽管这是他们内心深处最渴望的东西。他们不知道自己的内心世界为什么充满矛盾，常常感到自己迷失了方向、失去了判断力或感到很空虚。这些人在成长过程中缺少身份认同，在建立或维持关系时没有任何参照标准。他们有时容易冲动，有时需要通过药物来缓解情绪的起伏，平复愤怒和沮丧的心情。

近年来，有很多关于反社会人格的研究。密歇根州立大学的亚历山德拉·伯特（Alexandra Burt）对双胞胎进行的最新研究表明，在充满体罚、严厉、专制的环境下生活的孩子，长大后容易出现反社会行为。

❤ 罗伯托的故事 ❤

罗伯托的焦虑症频繁发作。他接受了多种治疗，甚至因为严重的药物成瘾住过院。

他说:"我的童年很痛苦,我父亲让我母亲怀了孕,但他已经跟不同的女人有了好几个孩子。我是第五个。他一直过着非常混乱的生活。我母亲出身低微,但非常漂亮,我父亲在集市上对她一见钟情。知道她怀孕后,他就抛弃了她。我母亲在一家迪斯科舞厅当服务员,经常很晚才回家,或者根本就不回家,遇到这种情况我只能在邻居家借宿。7岁的时候,父亲想见我。因为他很有钱,我母亲同意让我和他待上几天。那段日子简直是地狱,我当时还小,但我记得每天家里都有不同的女人出没。我12岁的时候,有一天晚上我在家等他,他给我打电话,我永远不会忘记话筒那边有一个女人说:'今晚你父亲要陪我。'我感到无比空虚。在我长大的街区,一群男孩接纳了我,他们让我觉得自己很重要,但他们很多人都吸毒,我也沾上了可卡因。"

罗伯托讲故事时没有流露出太多的情感。找女人和吸毒一直是他逃避现实的方式。他知道很多女人都喜欢他的身体,但他无法做到忠于一段感情,也做不到善待她们。因为无法与同事和睦相处,他被解雇过两次。

帮他治疗很有难度。一方面,要让他戒毒,帮助他解决他对于毒瘾不断发作的焦虑。最困难的是打破对他有害的不安全的依恋系统。他觉得他从来没有遇到过对他产生积极影响的人。对他来说，康复的关键是找到一个适合自己的团体，可以与大家一起运动、旅行或者演奏乐器。融入一个健康的团体，周围都是善良、包容的人，让他感觉好多了。目前，他还不打算找女朋友，他的首要任务是过上更有规律的生活。

有毒的父母或照顾者会给孩子带来可怕的痛苦，他们像一张大网把孩子紧紧缠住，使他的警戒系统（皮质醇）终其一生都处于激活状态。他只能通过吸毒、性行为来逃避，患上严重的焦虑症，并有可能出现其他精神病性障碍，比如精神分裂症和游离转换障碍。

找一位好的治疗师至关重要。沟通时，治疗师要坚定、直接且温柔。我遇到过一些类似情况的患者，我和我父亲一起对他们进行了会诊，治疗的效果很好，患者的情况稳定了下来。我们会针对每位患者的具体情况探讨治疗的方法。

混乱型依恋的患者很可能做不到定期来咨询，而且根据他们的具体情况每次治疗的内容都要做出相应的调整——很多时候在咨询过程中会出现严重的冲突，给患者康复增加变数。治疗的目标之一是向患者展示什么才是正确的思维和行为模式，教会他们如何以正确的方式开展一段亲密关系、如何避免干扰或危机以及如何预见危机的到来，从而最大限度地减少伤害。

♥

总而言之，我们小时候接受的抚养、爱和教育都在我们身上留下了烙印。

13
维他命疗法

当患者前来就诊时，我可能面临各种各样的情况。有些患者向我寻求帮助是因为遇到了危机，比如严重的抑郁症、焦虑问题、夫妻关系告急……这些危机之所以出现，可能是他们生活中的某些具体方面出了问题，比如人际关系的烦恼、无法克服的创伤、不由自主的恐惧或者失去了重要的人或物等等。也有些患者意识到他们想要改善日常生活的状态，渴望找到自我分析、自我理解以及更好地自我管理的途径。还有些患者认识到自己内心的空虚，在毒品、酒精、网络和性爱中寻求发泄。

简而言之，有的人来咨询是因为遇到了无法处理的困境，而另一些人尽管生活大致顺遂却感到非常空虚和不满足——"我没什么可抱怨的，也没什么大问题，该有的我都有了。我相信肯定有人情况比我糟糕、比我更需要接受心理咨询，但为什么我就是不快乐呢？"——有些东西阻碍了他们正常地享受生活，可能是完美主义、抑郁症，可能是内在的声音击溃了他们或者他们心底埋藏着一段痛苦的情史……不管是哪种情况，学会寻求帮助对于找回内心的平静、维持外界环境和内心世界的平衡都至关重要。

学会管理情绪是享受生活的关键之一。

情绪管理靠什么？

良好的情绪管理是指在压力大、愤怒、悲伤或沮丧时能够控制自己。我们都知道，从儿童时期我们就开始学习这种能力了。为了以健康的方式激活这种能力，在我们出生后的几年里必须有人照料，而且照顾者要知道如何以正确和平衡的方式处理我们的需要和问题。

我们与他人的沟通方式与我们在童年时受到的关爱和教育有关。从我们被爱的经历中，我们学会如何爱他人——你被爱的方式就是你爱他人的方式。

如果一个人在童年经历了创伤，成年后正确管理情绪的能力就会受损。孩子反复被忽视、虐待、欺凌、骚扰、羞辱，会留下不同程度的创伤，即使是中度或轻微的创伤也会留下印记。医生通过了解你的具体情况可以引导你治愈创伤。

作为父母，别忘了从小教导孩子自我调节情绪；作为孩子，要认真领悟父母教给你的化解冲突的方法。

下面我来为你介绍一下我的工作流程，相信其中的一些概念会引起你的共鸣。

我会列举我治疗患者的各个步骤。并非所有人都需要经历其中的每一个阶段。有些患者只需要简单地理解一些概念，就能得到宽慰，症状也会减轻。

❤
理解就是解脱。

理解患者，陪伴他，与他共情，这可能成为他康复路上的一个重要的转折点。以"人格图式"为参考，理清"从认知到行动"的原理，了解皮质醇和情感基础可以帮助患者理解自己的生活，从而缓解痛苦。他们会逐渐意识到每个人都有不同的背景、意义、方向、原因和治愈的方法。随着患者对自己越来越了解，治疗师可以逐渐引入新的概念和思想来帮助他们。

我的维他命疗法

（1）综合分析

在治疗过程中，我会仔细倾听患者的自述，框定他们的依恋类型，了解他们如何管理情绪、他们的性格以及他们的身体和心理如何做出反应。

在第一天，我会向患者解释什么是人格图式，同时介绍一下心灵（心理）和身体（生理）是如何相辅相成发挥作用的。我会从皮质醇、身体、炎症、躯体化症状、人格、人际关系和依恋系统等方面解读他们各自的背景。这些都是基础概念，但它们对于来向我寻求帮助的人意义重大。了解他们的症状、人际关系和行为，就能帮助他们树立克服心理问题的信心。

（2）人格图式

人格图式从第一天起就被视为治疗中的重要手段。我曾在《如何让好事发生在你身上》中有所提及，但我认为有必要再来聊一聊它。

在纸上记录下患者的人格类型（特征）、压力因素（使他们处于警戒状态、皮质醇水平升高的因素）以及由此产生的身体症状（躯体化症状）和心理问题，有助于患者开启康复之旅。

♥ **佩德罗的故事** ♥

佩德罗来我的诊室咨询是因为他多年来一直受到焦虑症的困扰。我们一起分析他的情况：他是一个强迫症患者，对每件事都要深思熟虑；他还是一个完美主义者，非常害羞——接近回避型人格。我们确定了他的压力因素：一是每天与前女友见面（他们在一起工作），二是管理收支（他几乎是月光族），三是参加社交活动（他实在过于腼腆）。

在压力因素的影响下，他的性格发生了改变（见"佩德罗的人格图式"），并且出现了躯体化（持续头痛和反酸）和心理上的症状（焦虑和失眠）。佩德罗多年来一直在吃药治疗消化问题、焦虑和失眠，虽然缓解了症状，但没有从根本上解决问题。学会疏解这些因素、改善性格特点，能为康复提供无限的可能性。

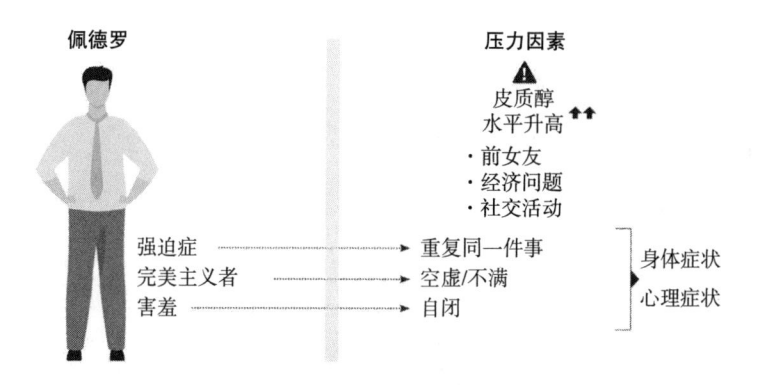

佩德罗的人格图式

有多少人在没有深入分析自己的性格和压力因素的情况下，就已经服用了多年的药物！这就是为什么有时人们会错误地认为他们的一生都要与抑郁为伴。真实情况是他们从来没有对自己的状况进行过研究，没有解除使他们生病和自我封闭的因素。以这种思路进行治疗会提高他们走出阴霾的概率。

(3) 期望

听完患者的自述后，我会向他们解释身体和心灵是如何协调运转的。这时我会对治疗方案形成一些初步的想法，但我会先询问患者对治疗有什么期望、想从我这里得到什么样的帮助以及他们有什么担忧。这个问题很重要，尽管我作为一名精神科医生有时会"过度热心"，做一些严格意义上来说已经超出心理咨询师职责范围的事，但关键是要知道他们本身的期望是什么。每个人的期望都不一样，我喜欢在第一次治疗中明确我作为医生能够做些什么。

(4) 与治疗师的关系

在治疗①过程中，为了帮助不安全型依恋的人，首要前提是努力与患者维持稳定的关系。也就是说，在某种程度上，治疗师成为支持患者的维他命。要先获得患者的信任，患者才会表露伤口，寻求帮助。

在治疗之初，建立互相信任的医患关系可能会很困难。我总是很小心，因为患者是在寻找生活的支柱，所以有时会对医生产

---

① 这一领域的著名专家包括约翰·鲍尔比、丹尼尔·西格尔和尼尔斯·P.雷加德（Niels P. Rygaard）。

生依赖；有时候治疗的效果或者心理医生本身没有达到患者的期望，患者就会轻视医生；另外，当患者无法打破与治疗师之间的关系壁垒时，也会对医生产生不信任。建立互信的关系需要医生付出时间、耐心和关心。

有时候有的患者无法把问题讲清楚。他们有沟通障碍，不知道如何表达自己的情绪，也很难说出自己的困境。他们通常能够描述一个事件，却无法表达这个事件对他们情感上的影响。还有一些人前来是为了给家人寻求帮助，因为当事人不愿意接受治疗，更不愿意承认自己心理出了问题。

对患者来说，被人理解、不被评判、能够畅所欲言是解决他们的恐惧、问题和忧虑的开始。在树立信心的基础上开始有序的治疗，也许会带来很大收获。维他命疗法就是由此诞生的。心理治疗是与对方建立亲密的关系，让他敞开心扉，剖析他的过往。有时我把它称为"宠爱疗法"（coddling-therapy），因为首先要有一个安全的场所和一个能带来信任感和安全感的治疗师，让患者感到平静安宁，感到自己被接纳，而不是被评判。

有时候，当我遇到重度不安全型依恋的患者，在治疗结束后，我会仍然沉浸其中。这时我会做一个深呼吸，清空刚才发生的一切，振作精神，接待下一个需要我的患者。咨询的过程可以是极具深度和情感的。我给你讲一个几年前发生的故事。

❤ 拉法的故事 ❤

拉法今年22岁，是独生子。他在青春期因为受到霸凌而患上抑郁症，曾试图自杀。从那时起，他的性格就变得倔强冷漠。他的父母理性而冷静，对他要求很高。自新冠肺炎疫情暴发以来，他一直在安达卢西亚的一个村庄里居家隔离，父母担心他被传染，不让他出门。

由于他的症状加重，我请他来当面进行咨询。他顽固的、强迫性的人格特征已经固化，他很难表达情感。他属于不安全型依恋中的严重回避型。

那一天，我终于设法剥开了他的保护壳，他崩溃了，泪流满面。自我封锁解除之后，他痛苦不堪，感到无限沮丧和孤独。我走近他，拉起他的手——疫情当时很严重，我知道我不应该跟别人有肢体接触，但当时的情况需要我这样做。他告诉我："自从疫情暴发以来，我从来没跟谁有过这样的身体接触，谢谢你。我已经忘记被别人鼓励是什么感觉了。"

能够走进一个人的内心和灵魂去帮助他，是非常美好的事，但是这样做可能会动摇治疗师自己的根基。这也是我认为医生、心理治疗师、教育者和情感专家会不时需要外界帮助的原因之一。换句话说,当我们感到脆弱或压力过大的时候,也需要有人来指导我们、给我们打气。幸运的是,我拥有能给予我帮助的人。他们是我的维他命人,当我感到疲惫或脆弱时,他们能激励我继续完成工作。

(5)有机体、药物和膳食补充剂

在与患者探讨过他们的情感史和身体及心理上的症状后,我会试着跟他们解释他们为什么会有这样的症状。我会询问他们是否需要服用一些药物来缓解症状,可以选择药品或益生菌、天然物质、ω-3、维生素 D 等。

药物治疗有时是必不可少的。药物可以成为人们走出消极和痛苦的助推剂,可以让我们解除警戒状态,缓解强迫性症状,帮助我们睡个好觉,恢复生活质量,帮助我们走出令人痛苦无比的低谷……药物可以提供很大的帮助,但它不是唯一的治疗方法。我们不能只依赖药物,还应该尝试其他能提高疗效的辅助手段。当药物治疗开始生效后,研究心理、情绪、行为和创伤(如果有的话)才是关键。我常常把心理问题比作严重的背部拉伤或腰痛。如果一个人因为痛得动不了去看医生,医生建议他做伸展运动,那么最关键的就是病人要能做动作才行。这可能需要通过注射或服用药物来放松肌肉,然后才能够开始拉伸运动。

心理问题与身体疾病的治疗机制是类似的。自闭、充满皮质醇、痛苦、悲伤或愤怒的大脑很难放松下来,也很难学会管理情绪和维护人际关系的技巧。

(6) 过去、现在和未来

随着病人的情况逐渐改善,我们会帮助他管理当前的压力因素,尽可能减小这些因素对他日常生活的影响。这些压力因素形式多样,而且因人而异:可能是人、回忆甚至是情景。只要想到它们或遇到它们,患者的警戒系统就会急速激活,患者会因此陷入消极的旋涡。

偶遇前女友、上司或者婆婆,进入电梯等封闭空间,目睹孩子发脾气,(疑病症患者)感觉到某些身体症状,或者(强迫症患者)看到满地狼藉等等,这些都可能构成压力因素。压力因素的种类太多了,因为世界上没有两个完全一样的人。从咨询的第一天开始,我就要确定患者的压力因素具体是哪些,以便逐渐纠正和掌控它们。

当患者稳定下来后,我就开始研究他们的过去和未来。过去可能造成创伤、伤害和自闭,未来可能害怕面对挑战,停止不前。我必须非常谨慎,才能帮助患者弥合过去的创伤。有一些创伤必须治愈。患者能够波澜不惊地说起过去的痛苦,才是真正地放下了。

为了解除压力因素,治愈创伤和伤痛,我通常采用EMDR疗法。它可以协助治愈沉疴,或者至少弱化创伤的危害,降低它们对患者的生活和发展带来的影响。

什么是EMDR，它有什么用途？

我经常说：克服昨日的伤痛，以健康的方式活在当下，满怀期待地展望未来，这就是幸福。EMDR疗法就能帮助我实现目标，即平复患者过去的痛苦、现在的不安以及对明天的担忧。

我是从一位在柬埔寨居住的法国心理学家那里了解到的这种疗法。他带我去了一个小诊所，他在那里工作，帮助那些被强奸的女孩。我看到一个小女孩闭着眼睛，正在回忆可怕的性侵场景。那位心理学家一边帮助她放松，一边与她交谈。他告诉我，这是美国心理学家弗朗辛·夏皮罗在几十年前开创的治愈创伤的疗法。我一回到马德里就去学习了这种疗法，并见证了它的神奇效果。

当自己或他人的生命与安全受到威胁，因为年龄太小或情况过于严重，没办法自己平复心情时，有些人会患上创伤后应激障碍。EMDR对治疗创伤后应激障碍非常有效，它还能为焦虑、抑郁、自尊问题、创伤性回忆、难以化解的悲痛、强迫症、恐惧症、成瘾问题、惊恐发作或情绪依赖等问题提供解决方案。

EMDR通常需要连续做一个疗程，在一个安全、安静的场所，由一位值得信赖的治疗师进行。它能帮助患者识别出记忆、感觉、负面情绪和任何你想解决的问题。

这个过程是通过听觉、视觉或半球间的触觉刺激完成的，是利用大脑的自然生理资源来治愈心灵，这个过程的原理和睡眠中快速眼动的阶段相似。

通过左右半球的活动，EMDR可以消除或减少我们在神经系统中形成的障碍，让大脑正确地处理记忆并将其转化为长期记忆。这样，工作记忆将会有更多的空间来应对新的事件，能更清晰地创造积极的记忆，避免我们因经历勾起负面记忆，进入另一个充满压力和忧虑的循环。

当我们学会从新的视角或出发点来看待一段创伤或痛苦的记忆时，痛苦的感觉就会减轻，我们会以一种更容易接受的方式记住它。在恰当的情绪、积极的想法和信念的引导下，这段记忆与大脑中的其他记忆融合在一起。这并不意味着我们从记忆中抹去了这件事，而只是将它视为过去，从而更好地活在当下，并期待未来。

简而言之，EMDR疗法的目的就是尽量弱化创伤性记忆中夹杂的情感细节、创伤性经历对身体和心理造成的影响以及对未来发生类似情况的焦虑。

EMDR治疗中，对创伤进行描述也能产生治疗的效果。也就是说，当一个人能够用语言表达创伤并通过故事的形式把所发生的事情讲出来时，大脑就会逐渐把这件事情归档，伤口也会逐渐愈合。有时我使用EMDR来回忆创伤，把这段记忆与其他记忆进行同化，取得了不错的效果。

丹尼尔·西格尔博士是研究这些问题的专家。他的《全脑教养法》(The Whole-Brain Child)是我非常喜欢的书。我把它推荐给想了解孩子、改善与孩子的关系的家长和教育工作者。这本书可以引导我们了解孩子的大脑,在孩子人生的关键时刻或不同成长阶段抚平他们的创伤。

西格尔指出了一个重要问题:创伤可能发生在非常敏感的人生阶段。我们千万不要认为,如果创伤发生在0到3岁,孩子就会不记得。孩子从母亲怀孕后期就开始存在隐性记忆,因此,在这个阶段发生的事情会对他产生影响。

过去我们很难抚平这些创伤,但现在我们有一些疗法可以直达心灵和情感的最深处,帮助那些受过伤害的儿童。

我们发现有些遭受创伤的儿童无法讲述或回忆他们的经历,记忆可能不太连贯,或者存在空白或被封锁的记忆。创伤减少了两个大脑半球之间的连接,使他们很难将事件与情感结合起来。所以他们在应对某些问题时,心中会产生巨大的痛苦,而且无法用语言描述确切的感受。通过讲故事的形式将受到的创伤讲出来有利于梳理思绪。因此我鼓励大家通过讲述整合创伤,从而使创伤的记忆变得更连贯、更容易被消解。

几年前,我参加了由阿尔贝托·费尔南德斯·利里亚(Alberto Fernández Liria)医生和贝阿特里斯·罗德里格斯·维加(Beatriz Rodríguez Vega)医生这两位精神病学家讲授的关于创伤的精彩课程,他们讨论了心理化,即借助情绪、意图、信仰、感受和想法等心理状态,感知和理解自己及他人的行为。这就像一种高级形式的共情。在遭受过严重创伤的人身上,这种想象的能力被阻断了。

在柬埔寨,被强奸的年轻女孩在叙述她们的经历时,情绪低落,无精打采,语无伦次。与其他同龄人相比,这些女孩的右脑往往不太发达和成熟。有其他严重创伤的人也具备这个特征。

刺激她们右脑可以通过游戏、音乐、舞蹈、艺术(艺术疗法可以带来激动人心的变化)、身体接触和拥抱。医生必须慢慢地进入她们的生活,一边观望一边推进,分析和衡量每个治疗步骤在她身上产生的效果后,再制定下一步的方针。

(7) 我的理解

我经常说,幸福不是因为我们遇到了好事,而在于我们对经历的事情的理解。这种理解取决于三个因素:我们的信念系统(我们对生活的想法和期望)、我们的心态以及我们过滤信息和关注重点的能力(由上行网状激活系统决定)。最近,我喜欢用一张图片,它直观地反映了我们每个人是如何理解所发生的事情的。我把它称为"从认知到行动"图片。我通常把它列在一张纸上,画上大眼睛和爱心。

我们通过眼睛感知周围发生的事情,情绪(心灵)也会相应地受到影响。在这之后,我们或多或少地会思考,然后开始行动或者按兵不动。

从认知到行动

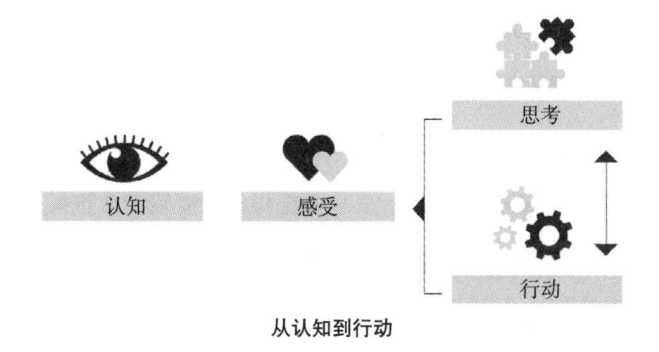

♥ 赫苏斯的故事 ♥

赫苏斯总是心烦意乱，难以集中注意力，他非常情绪化和敏感，经常陷入自己的思绪而无法做出决定。

自我了解有助于自我控制，使我们能够专注于心理上的目标。治疗过程中，我努力帮助赫苏斯克服他的过度敏感，让他能够利用大脑进行理性判断，然后采取行动，变得更加果断。

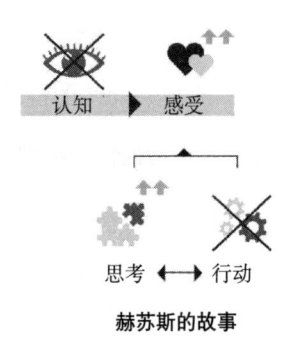

赫苏斯的故事

(8) 学会沟通

情感世界中一个常见的问题是如何以健康的方式表达自己的感受，与周围的人顺畅交流。

要克服不安全型依恋，学习沟通和表达情感非常重要。造成不安全型依恋的大部分创伤都源于童年时期和父母之间的沟通问题。也就是说，不顺畅的语言交流或情感交流导致了创伤。在缺乏沟通的情况下，人们只能通过攻击性行为、冷漠或虐待等极端方式来发泄情绪。

所以我深信，沟通能抚慰人心。在治疗中，我教患者使用一些工具，让他们学会不带攻击性地去表达不快的情感或情绪。我有时教他们一些基本方法，引导他们在不伤害别人的前提下说出自己的感受，在不让自己变脆弱的前提下寻求帮助，平静地表达，不加评判地倾听，勇于分享而不胆怯……这些都不是一蹴而就的方法，但对于治愈不安全型依恋非常有效。

(9) 引导和训练内在的声音

内在的声音是一个非常重要的概念。我们身体里都有一个声音，不断对我们的遭遇、恐惧、面临的挑战和我们的想法做点评。有些人听到的声音经常指责他们，给他们施加压力，让他们身心疲惫。这个声音有时候很强烈，也有时候没什么伤害性。有时候我们能很明显地意识到它，有时则感觉不到，关键是看我们对它的影响了解多少。

内在的声音反映了我们在面对生活中不同的挑战、计划或考验时的态度。我们应该让内在的声音支持我们，而不是与我们作对。我们必须保持警惕，避免精神内耗——它会导致我们在事情开始之前就宣告失败。我们在浪漫的约会、体检或考试之前的心态会极大地影响事情最终的结果。

让我感到惊讶的是，最近有很多人问我："当我内在的声音责备我时，我应该怎么做？""我应该怎么控制指责我的声音？""为什么我对自己这么差，我做什么都要反复思量？""为什么我会做出如此愚蠢的决定？"我还听到有些患者说："我发胖了。""我得不到老板的重视。""我的丈夫对我很冷淡。""我得不到别人的关注。""没有人在意我。""我恐怕永远都怀不上孩子。"……内在的声音影响了我们的健康和我们的人生决定，所以在《如何让好事发生在你身上》中，我深入地探讨了这个问题。现在我想与你讨论另一个问题：内在的声音来自哪里？

对内在的声音进行引导很困难，但如果做到了，会让我们内心更加平和，在个人生活和职场中发挥出最好的状态。这个声音对我们工作的影响是非常大的！总是被内在的声音贬低的人很难在工作上取得成功。当然，我说的不被自己内在的声音贬低的人不包括自恋者——那些人只会听到对他们赞扬和恭维的声音——我指的是那些在内心善待自己、不自我贬低、脚踏实地生活的人。

内在的声音来自哪里？

多年来，我一直在寻找一个恰当的比喻来解释这个概念。我总结出了一些观点，希望你可以应用到生活中。

♥

童年的"留声机"在成年后变成了内在的声音。

当我们出生时，我们都配备了一个空白的"留声机"，就像一张白纸或一个空硬盘。发生在我们身上的事件、我们的情感和对话都被记录在里面。以下因素对内在的声音的形成产生了关键作用。

·父母对我们说话的方式。"你没有什么值得我骄傲的地方""你很懒""你可真是个乖儿子""你做得一团糟"或者"我相信你，你会成功的"……

·父母对待彼此的方式。"真受不了你""我爱你""你真讨厌""你太自私了"……

·父母向别人说起我们的方式。"这孩子真让人受不了""他真烦人""我儿子非常棒"……

上面提到的"父母"也可以扩展到兄弟姐妹、老师和亲戚。父母对我们的影响力固然是最大的，但是我们和同学、祖父母、兄弟姐妹或者朋友的关系能帮助我们屏蔽掉来自父母的内在声音的影响。

❤ 路易斯的故事 ❤

路易斯是家里三个兄弟中年纪最小的。父亲很严厉，对他要求很高。他告诉我，父亲经常挑他的刺儿，认为他是三个孩子中长得最丑、最不爱运动的。父亲会去看哥哥们的体育比赛，但从来不去看他的比赛。

"我不会浪费我的时间去看一个笨手笨脚的人跑步……等有一天你像你的哥哥们那么优秀，我再去支持你。"

这种频繁的羞辱铭刻于他的脑海之中，在他成年后对他造成了很大的伤害。他内在的声音不断地说，他对他的老板和父母的用处都不大："你办不到的""你的老板不会重用你""你一定会被开除"……

路易斯是低自尊人格，缺乏安全感，一直在寻求别人的认可，因为他小时候在家里从未得到过认可。

内在的声音影响有多大？

以下数字并不精确，也没有经过严密的计算，但它们可以帮助作为成年人的你了解自己的历史，或者帮助为人父母的你更好地养育孩子。

内在的声音在6岁之前对人的影响最大，占到大约50%；在6岁到12岁对人的影响占大约25%；而在人生的其他阶段对人的影响又占到25%。在我看来，这些数字反映了内在的声音在人生各个阶段的重要程度。

还有一种情况。我们可能与父母拥有安全和健康的依恋关系，但不幸有过一段受伤的感情，或者有过一个难缠的老板，这种经历也可能会造成创伤，并对我们的态度、恐惧的对象和内在的声音产生影响。但如果你拥有一个美好的童年，要治愈这些创伤就会比较容易。法国心理学家伯里斯·西鲁尔尼克对此做了精彩的解释：一个成年人的安全感源于童年时建立的依恋系统。创伤发生在一个拥有健康的"留声机"和安全型依恋的人身上，与发生在一个拥有糟糕的"留声机"和不安全型依恋的人身上，伤害程度是不一样的。

内在的声音在某种程度上标志着我们的自尊，很多时候也使我们变得优柔寡断。人生本就复杂，我们从来不知道什么是正确的决定。做出选择意味着对事情有一个比较清晰的看法，有坚实的支柱来支持自己，并付诸行动。要做到这一点，我们必须知道我们是谁，我们喜欢什么，不喜欢什么，我们的边界是什么，以及在人生中我们愿意舍弃的是什么。

> 自卑者内在的声音在贬低他们。

因此,我们幼年时需要父母接受我们。如果你是父母,想想你如何看待你的孩子。我经常听到一些父母告诉我,他们并不以自己的孩子为荣,而且孩子也知道父母的这种想法。不被父母接受对孩子来说是莫大的伤害。

许多人会用那个小小的声音折磨自己,而那个声音只不过是在重复他们在童年时从亲人嘴里听到的评判。内在的声音对你的很多方面有着至关重要的影响。

·影响你的自信心和你做决定的能力。

·影响你的自尊心(你如何对待自己)。

·影响你的行为。可能出现两种情况:一种是你了解你的童年,但你治愈了自己并克服了创伤,从此摆脱早期的阴影,获得成长;另一种恰恰相反,你在生活中没能治愈或克服创伤,它继续对你造成伤害。

❤ 玛丽亚的故事 ❤

玛丽亚30岁,是一名经理,在一家跨国公司工作,会说四种语言。她的问题是在工作和生活中都缺乏斗志。

"我对现在的生活非常不满,我不喜欢自己现在的状态。从小我就非常努力地学习,父母对我和哥哥要求很高,我们的成绩必须达到'优秀',每天我们都要上各种各样的课外辅导班,早起一个小时学音乐。我抗争过很多次,每次最终都不得不为了学习和工作放弃与朋友们的出行计划。我的生活已经被规划好了,不能浪费时间。我感到我的生活总是处于紧绷状态。父母说,如果我们争气,能一直都考第一名,他们就会以我们为荣。"

她接着说道:"我不知道我现在怎么了,但我一直处于不满足的状态,什么都不能让我感到满足。无论是在工作中还是在家里,我都要不停地找事情做。我边打扫卫生、整理房间,边收听历史播客以便更充分地利用时间。我总是给自己找事情做,因为每当我停下来或休息的时候就会有负罪感。"

玛丽亚的异常有很多原因,而我很清楚,她目前的内在的声音不允许她毫无内疚感地停下来休息。她更习惯于积极进取和苛求自己,而不是享受生活、甘于平淡。一个充斥着"必须怎样"这种内在的声音的"留声机",造就了许多完美主义的成年人,他们不允许自己失败。我们不要忘了,完美主义者是永远不可能满意的!为了帮玛丽亚意识到这一点,我分析了她童年的场景和"留声机"里的话。我一点一点地教她放弃执念,使她在日常生活中获得了平静。

在21世纪，父母有时太在乎竞争结果，迫切希望拥有一个完美的、堪称典范的孩子。这些孩子上着各种课外辅导班，背负着来自父母的脱离现实的期望。从长远来看，如果处理不当，所有这些压力都会使孩子变得冷漠，产生不满和挫败感。他们的内在的声音会不断提醒他们，他们可以做得更多。这样的内在的声音甚至会在他们择偶时对他们产生影响，导致他们更关注对方是否足够努力，而不在乎对方的情感和美德，这通常会妨碍双方关系的正常发展。

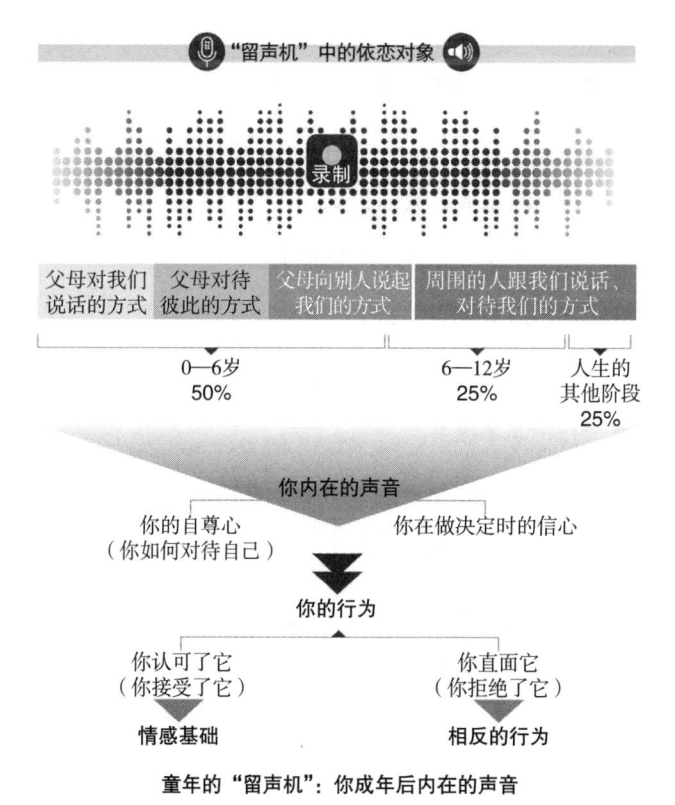

"留声机"中的依恋对象

录制

父母对我们说话的方式	父母对待彼此的方式	父母向别人说起我们的方式	周围的人跟我们说话、对待我们的方式
0—6岁 50%		6—12岁 25%	人生的其他阶段 25%

你内在的声音

你的自尊心（你如何对待自己）　　你在做决定时的信心

你的行为

你认可了它（你接受了它）→ 情感基础

你直面它（你拒绝了它）→ 相反的行为

童年的"留声机"：你成年后内在的声音

在心理咨询中,教导、疏通和引导内在的声音是与自己和解的一个重要步骤。要做到这一点,就必须确定你给自己下过哪些定义以及它们对你的日常生活有多大影响。

下面我举一些例子,以便指导你为自己做出诊断。

·我是一个坏人。

·我一无是处。

·没有人爱我。

·我不值得被人爱。

·我不擅长我所做的事情,或者我对这项工作没有做好充分的准备。

·我很丑,我不喜欢自己。

·我不配接受发生在我身上的好事。

·我很笨,或者说我不如别人聪明。

·即使我死了也无所谓,没人会在乎。

·我活该倒霉事缠身。

·我和别人不一样。

·我的父母/朋友不接受我。

·我犯了很多错误。

·我这辈子都不会有什么成就。

·我是个失败者。

病史复杂的患者

现在我跟你分享一个我同时运用了人格图式、EMDR 和"留声机"的案例。

❤ 安娜贝尔的故事 ❤

安娜贝尔患有广泛性焦虑症并伴有惊恐发作。多年来,她一直在接受不同的精神科医生和心理咨询师的治疗,但她意识到,自己的情况根本没有变好。她觉得什么事都是她的错。

"我内心有一个声音在责备我,说我这辈子都不会有什么成就。我每天都不断收到负面信息,因此严重缺乏安全感。"

安娜贝尔是一名护士,已婚,有一个女儿。她感到悲伤、苦恼,认为自己是个失败者。她对压力极其敏感,所以变得非常脆弱。此外,她还很害羞,不自信,导致她在许多场合都很自闭,很容易陷入忧郁和深度悲伤之中。

为了让她从每天持续的焦虑感中解脱出来，我对她进行了药物治疗。几周后，我开始使用维他命疗法。通过治疗，她学会了分析压力因素、管理糟糕的情绪。

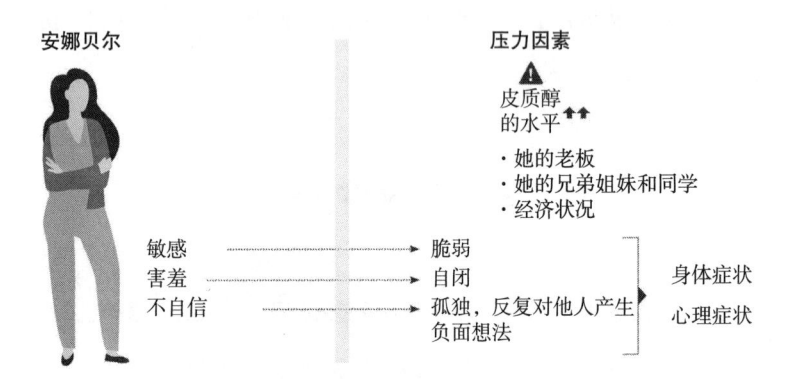

安娜贝尔的人格图式

安娜贝尔			压力因素
	敏感 → 脆弱		皮质醇的水平 ↑↑
	害羞 → 自闭		·她的老板
	不自信 → 孤独，反复对他人产生负面想法		·她的兄弟姐妹和同学 ·经济状况

身体症状
心理症状

我发现，给这个患者造成压力的因素包括：看到老板、兄弟姐妹和同学，查看银行账户发现自己入不敷出。

小时候没有人在意她，如果有，也是为了捉弄她、刁难她。她是由姨妈抚养长大的。她的母亲长时间在外工作，偶尔出现在安娜贝尔面前，时而深情，时而紧张，时而心不在焉。安娜贝尔从来不知道，当母亲和她说再见时，她什么时候能再见到母亲。她的姨妈非常严厉，从不流露情感，这让她感到很痛苦。

她从未与身边的女性建立起健康的关系。一方面，在家庭环境中，性格强势的姨妈总是对她进行评判和批评，经常说"如果你妈妈看到你这样做，会为有你这样的女儿感到羞耻"之类的话。另一方面，她的妹妹非常聪明，所有人都喜欢她妹妹，包括她的姨妈和母亲。她与妹妹向来无法融洽地相处。在社交方面，她与同学经常闹矛盾，因为她不能融入集体。

我对安娜贝尔的治疗包括：

·向她解释她的皮质醇水平高、她的大脑处于高度警戒状态，剖析她的情感世界。

·分析她的情感基础和她的童年"留声机"。

·制订治疗方案，改善她的焦虑和忧郁状态。

·研究她的个性，分析她的主要性格特征（敏感、害羞和不自信）。

·识别压力因素和创伤场景，并通过EMDR疗法进行疏解。

EMDR疗法揭示出她经历了两个主要事件。

一个发生在学校的操场上。有一天，她被一群受欢迎的孩子围住，他们指责她、嘲笑她，令她感到恐惧。在治疗过程中，她的焦虑症发作了。安娜贝尔痛哭流涕。

另一个创伤性事件的"施害方"是她的姨妈。姨妈说她不成器，她的母亲不以她为荣，还说她永远不会有朋友，因为她很古怪，让人无法忍受。回忆起这些，她就会有胃部不适和心跳过速的感觉。

她一边哭一边向我讲述了这两件事,看起来十分痛苦。当她讲完最痛苦的部分后,我把她的思绪引导到一个安全的地方——让她想象她在滑雪,想象面前是一片白雪——这样会让她有一种平静的感觉。

不出所料,回到家后,她很疲惫,很快就睡着了。第二天,她更平静了,甚至在街上碰到姨妈时,她都没有出现心跳过速或焦虑的反应!

治疗的关键是让她意识到,她与生命中这些女性的关系属于有害的依恋。她从来没有感受到她们的爱和理解,见到她们会重新激活她内心最深处的恐惧和不安全感。

随着我逐渐抚平她的创伤,内在的声音对她的影响开始减轻。现在她学会了更好地控制情绪和鼓励自己。治疗是缓慢的过程。一方面,我必须继续控制她的情绪,以免她惊恐发作;另一方面,我正在想办法帮助她克服心理障碍,同时她也在努力与自己的过去和解。现在我们面临的一个挑战是改善她与女儿的关系,使她能够成为女儿的维他命人。

维他命患者

在治疗中,我努力帮助我的患者,不达效果不放弃,我不断学习、参加培训,陪伴患者疗愈创伤。一个人的复原力和愈合能力是超乎想象的。我经常说患者是我的维他命人:他们经历了创伤和痛苦,又从黑暗中挣脱出来,这让我充满信心,有了继续前进的动力。

我的职业生涯中也有困难和悲伤的时刻,有时它们会动摇我的信念,影响我的心情。这么多令人心碎的故事对我的冲击很大,也会令我陷入无尽的痛苦。但我还是坚持了下来,尽我所能解决他们的问题,让患者知道他们并不孤单。事实证明,心理学、药理学和某些技术对治疗和缓解许多人的病情很有效。

尽管我的时间有限,不可能如我所愿接待所有需要我的患者,但是来到我的诊室咨询的这些人点燃了我的热情,我想要帮助他们成为最好的自己。

在这里,我想特别感谢那些相信我能帮助他们战胜恐惧、解决问题的患者:杰拉尔多克服困难的决心、尤兰达富有感染力的笑声、罗蕾娜的复原力、埃琳娜的温柔、冈萨罗的快乐、阿尔伯特的和善、梅尔奇的亲切、杰米的同理心以及马诺罗战胜自己的勇气……都鼓舞着我继续帮助他人。

维他命工具

对有些父母来说,孩子的童年和青春期是一个挑战。我们不能把教育孩子当作艰难的事情,畏首畏尾。孩子成长的许多时刻都充满危机,父母需要解决花样频出的问题——缺乏安全感、注意力的问题、冲动障碍……还要尽可能地努力改善亲子关系。换句话说,父母应该知道他们作为父母该做什么,要了解自己的过往经历,学习如何管理情绪。

作为一个成年人,当你与内在的自我连接起来,以健康的方式管理你的情绪时,通往孩子情感世界的桥梁就会自动出现。这样说可能有点夸张,但与孩子沟通的确会变得更简单。如果你发现很难接受孩子说"不",因孩子的叛逆而手足无措,甚至可能会做出过激的反应,那么你所接受的教育将大大改善你对待孩子的方式。

现在我们已经知道:感受到爱的孩子将成长为懂得爱的成年人。童年时期将为他们以健康的方式去感受和爱打下坚实的基础。他们的情感发展与最早的家庭和社会互动密切相关。

我在多个场合听到和读到过一句话:"如果你用充分的爱滋养你的孩子,他就会无所畏惧。"我认为这句话很有道理。用爱滋养孩子就是要勤于沟通和表达爱意,因为这能提升孩子在面对生活挑战时的自信心。

孩子感受到的爱越多,就越容易克服恐惧。是的,维他命父母是乐于通过肢体或语言表达爱意、分享温情的父母。

以下是变成维他命父母的一些方法。

·引导你的孩子谈论他的情绪,表达他的情绪。

・直面孩子的弱点或缺陷。与他们交谈，帮助他们重新定位自己。

・经常与孩子进行身体接触，不害怕通过这种方式表达爱意。

・赞美孩子，并不让他们因此感到尴尬。

・避免急功近利（让他们做太多事、不让他们与家人有情感连接等）。注意不要把孩子的日程排得太满，不要一味要求他们参加太多课外活动，对他们提过高要求，却忽视他们的情感世界。

・放慢速度，和孩子一起进入"慢速模式"。不要跳过任何阶段，每个年龄都有不同的成长瞬间和值得享受的时刻。不要被匆忙赶工和"打鸡血"的文化影响，要认真享受生活中的美好事物。

・安排好孩子的日常生活。当他们的日程安排有规律时，他们会感到安全、开心，表现得也会更好。

・孩子受到创伤时，永远不要抛弃孩子；孩子发生不幸时，永远不要置之不理。独自承受痛苦会使人更难受。告诉孩子，在受到伤害的时候要寻求帮助。

欢愉与爱情

♥

假如你不记得你为了爱情
而做出的一件最琐细的傻事,
你就不算真的恋爱过。

——威廉·莎士比亚

爱情就是一个灵魂栖息在两个身体里。

——亚里士多德

14
情欲与母性，交友软件与色情制品

我不知道他的名字，我只和他发生过关系

近年来，有些东西在发生变化。谈性似乎比谈感情更容易。婚恋关系中，人们普遍表现得不够成熟。现如今，30多岁的人，生活状态像是20多岁的，而40多岁的像30多岁的。

❤ **玛尔塔的故事** ❤

玛尔塔在一天早上来到了我的办公室。我记得那天是星期五，因为她说她前一晚整晚都没睡。

"我早就和你预约了，但昨晚的派对太棒了，我没法错过。"

我想让她聊一些能让她放松的事情，这样她会更有自信，能告诉我她来见心理医生的原因。

"你昨晚玩什么了？去哪儿玩了？"

"我以为昨晚会不一样。最近几个月我们的活动千篇一律：我们约在某个人的家里见面，喝酒，出去玩，最后一站是酒吧。我跟一个在酒吧里认识的人上床了。"

玛尔塔承认，她对这个人仅有的了解来自他们喝酒时他说过的几句话。我用一个多小时的时间认真听她讲述自己的经历：出门聚会，尽情享受，及时行乐，无忧无虑地活在当下。她不觉得这样做有什么问题。她说自己经常陷入极度的焦虑和悲伤之中，夜晚是她逃离现实的避难所。

最近几年，性已经成为她找乐子的快捷途径。她把它当成一种单纯的娱乐方式，尤其是在酒后，更是放飞自我，但绝不会留下任何情感牵绊。

我们围绕爱情和性进行了一次非常有趣的谈话。然后我分析了她的性格、她的压力因素和依恋系统，我们逐渐找到了一些线索，有希望帮她摆脱悲伤和痛苦。

为什么玛尔塔和如今的很多年轻人会这样生活？在现在这个时代，发生什么事情都不会让人太惊讶，比如开放式关系以及随意的性行为。与性有关的话题正在被媒体大肆传播和渲染，没有人考虑这样做可能带来的社会影响。在网络、影视剧和私人聊天中，性的话题被频频提及。为什么大众越来越能接受公开谈论性或者承认自己看色情片，却很难表达爱意？性已经变成了一个公开议题，人们无须为此感到羞耻或者遮遮掩掩，反倒是爱变成了私人领域的东西，许多人似乎羞于言爱。年轻人谈论起自己的性生活远比谈论所爱之人更放得开。

有一天，一名患者在心理咨询时问我，为什么男朋友要带她去他父母家吃饭，他们明明才在一起六个月。他在想什么？他是不是对这段关系太认真了？

很多人（甚至思想成熟的人也不例外）相识于迷醉的夜晚，享受一时之乐，以此逃避现实，最后空虚地躺在床上，对刚刚发生的事内心毫无波澜。当我与这些人深入沟通时，我经常能感受到他们心中巨大的悲伤和空虚。他们的生活缺少点什么？缺少可以立足的坚实的基础。

❤ 克拉拉的故事 ❤

克拉拉是一个28岁的女孩，因为心情低落前来就诊。

"多年来我一直感到很空虚，但我找不到原因。我已经搬到巴塞罗那定居了，这是我曾经的梦想。和我住在一起的还有两个女孩,我们经常一起出去玩,相处得很愉快,但我并不快乐。我一直想做那种无拘无束、自由支配自己身体的女孩,但有时候到了晚上,躺在床上,我会梦想拥有一个稳定的伴侣和孩子。我为什么会这样?人们不是说'越自由就越快乐'吗?难道不是这样吗?"

无爱的性,有爱的性

性意味着诱惑、神秘、冒险、尝试以及无拘无束的激情。它为双方提供了探索彼此身体秘密的机会。它代表着爱情关系的高潮。

每一段性关系都是一个不断变化的世界。有时它充满了激情和感官体验,也有的时候它以爱和情感为主要成分。为了纯粹的欢愉而进行的性行为没有承诺或爱意,只能带来即时的满足感和多巴胺的火花。在这种情况下,我们会避免和对方产生牵绊,只把对方当作消遣的对象。随意的性关系很多时候是"酒后乱性",因为酒精会"帮助"我们停止思考、尽情享受。

然而,真正的爱情不是速食的、短暂的或者转瞬即逝的。爱上一个人是有风险的,你会因此变得脆弱。只谈性、不谈感情的人不会袒露心扉,不愿意承受风险。他们把自己的心封闭起来,不让自己去爱或感受爱。

不想爱上别人的人是缩在保护壳里过日子的。我不知道听过多少"有一堵墙阻挡了他们坠入爱河的脚步"这样的故事了。当我们认识新的人时,一定要探测这堵墙是否存在,只有搞清楚这一点才能避免会错意,陷入不必要的痛苦。

性可以带给我们巨大的快乐和幸福,但也会带来巨大的痛苦。对我接触过的很多患者来说,性是他们的障碍、痛苦和创伤的来源。在他们的性体验中,有疼痛、愤怒、怨恨、焦虑或恐惧。我会在治疗过程中专门抽出时间来探讨性的问题。我们对亲密行为不会完全无感:我们要么喜欢它,要么不喜欢它;它要么让我们不安,要么让我们心醉神迷;它可能使我们回忆起痛苦的事,也可能帮助我们屏蔽痛苦。

米凯拉·梅纳格斯(Micaela Menárguez)是药学博士,她写过一本书叫作《我只想被爱》(*Solo quiero que me quieran*)。在那本书中,她讲述了自己作为大学讲师的经历,从当今年轻人的角度探讨了生育、性传播疾病以及伴侣关系等相关问题。她列举的一些年轻人发生性行为的原因与我在咨询中听到的回答非常相似——"和最漂亮的女孩上床让我在男孩堆里特别有面子""我需要一个爱我的人""出于好奇""能够感到被需要""能够感到被重视""能提高自尊""因为我想跟朋友们炫耀"……答案五花八门,但它们往往指向一个基本的潜在需求:需要被爱和被拥抱的感觉。

很多时候,人们在随意的性行为中无意识地寻找,希望能得到特别的感受。现在你大概已经意识到童年对一个人的重要性。被虐待、打骂,父母严重缺席……我们小时候遭受的创伤会影响我们长大后对性的态度和需求。童年时没有建立起安全型依恋关系,或没有感受到被爱和被欣赏,都会对我们产生影响。而如果小时候缺乏被亲昵地抚摸的经历,会产生格外深重的影响。也就是说,如果一个孩子经常挨打,缺少被拥抱和爱抚的体验,他将在成年后寻求用其他东西来填补幼年时的情感缺失。许多人都承认,他们在性关系中寻求的是触碰、拥抱以及感受对方的亲近。我们都希望"感受到催产素的存在",如果它被多巴胺(使人产生性快感)包裹着一同到来,会使人产生更强烈的欢愉。

❤

有的人会在性关系中寻求他人的触摸、爱抚和拥抱。

如今的情感关系就像用完就扔掉的一次性用品,人们不愿付出承诺,有些交友软件也没有起到好作用。身体和心灵不同步的感觉是痛苦的。是的!当人们试图将情感世界与身体分离时,生理和心理上的症状就会逐步浮现。心灵和身体是密不可分的,就像我在《如何让好事发生在你身上》中写到的那样,如果不听身体的话,会损害健康!

❤

在性关系中,身心分离并不能使我们免受伤害。

如果你读过我的第一本书或听过我的讲座，就会知道我一直关注卖淫和贩卖妇女的问题。目前，我仍在通过心理治疗帮助许多色情行业的从业者。不久前，她们中的一个人告诉我，许多男性都感到孤独，他们想要的只是能有个人聊聊天，能有个人听他们说话。她承认，并非所有人的目的都是性。

社会学家艾娃·伊尤兹（Eva Illouz）在她的著作《冻结的亲密关系，资本主义制度下的情感》（*Frozen Intimacies*，*Emotions in Capitalism*）中谈到一个非常有趣的概念，她认为，资本主义的最后一步是"情感资本主义"。当今社会充斥着个人主义价值观，人们专注于满足个人方方面面最迫切的需求，这样的社会最终会葬送人的真心和情感。就像玛尔塔那样，谈论性对她而言比谈论感情容易得多。

法国思想家罗兰·巴特（Roland Barthes）早在1977年就创造了"情感禁忌"（sentimental taboo）一词，指的就是我们越来越容易谈论性而非感情的这种趋势。他没有说错。我们的社会已经变得过度色情化，相应地，深入了解真实的感受、情绪和情感变得非常困难。

♥

而现实是，许多人正在错过生命中最美好的东西，那就是真正的爱。

人们总说，世间没有那么多浪漫的欲望，但实际上不是这样的。我们的心渴望爱人，也渴望被爱。在当今社会，轻点一下屏幕就能买卖一切，传统的爱情似乎没有了立足之地，变成了空中楼阁，但实际上，仍有许多人渴望找寻真爱。

当我们决定听从自己的心声，为一段关系放手一搏时，当我们冒险去喜欢一个人，表明心迹并接受别人的爱时，我们的生活将会彻底改变。不过，爱需要付出努力：时间、恒心、意志和耐心。决定爱一个人，有时需要先治愈我们的情感创伤。我父亲曾经说过："要想和别人和睦相处，你必须首先和自己和睦相处。"

爱和疗愈都与时间相关

人的身体、大脑和精神是统一的。尽管我们努力想让身体和大脑互不影响，但这是很困难的，因为身体对大脑有影响，而大脑对身体有决定性的作用。

❤ **亚历杭德罗的故事** ❤

亚历杭德罗和维多利亚已经结婚六年了。他们是在巴塞罗那攻读硕士学位的时候认识的。有一天晚上，他们一起出去玩,喝了很多酒,然后就上床了。在开始的几个月里,他们的关系是开放式的,他们在课余时间不时地约会,但彼此没有做出任何承诺。过了一段时间,维多利亚发现自己怀孕了。经过讨论,他们决定同居。孩子出生后,他们结了婚,组建了家庭。

第一次来就诊时,亚历杭德罗坦言,他对妻子没兴趣了,她对他不再有吸引力了。他厌倦了和她的性生活,他们渐渐变得疏远了。他来咨询是因为他想修复他的婚姻,他想拥有稳定的伴侣关系,减少对新鲜感的需求。他承认他一直都在出轨,一直需要在床上体验新花样。我对他说,我们与他人的性关系有三种类型:有爱的性、无爱的性以及有爱有承诺的性。

无爱的性很容易得到。有爱的性——尤其是在热恋的那几个月或关系正在巩固的时期——通常效果非常好,能让双方获得巨大的快乐和满足。夫妻在一起很多年并有了子女时,他们就进入了有爱有承诺的性关系。在这个阶段,性关系经常发生变化。可能其中一方性欲会下降,因为孩子或工作而彻夜难眠,或者忙于应付日复一日的生活中层出不穷的各种问题,忽视了夫妻间的亲密关系。然而,这种亲密关系非常重要!如果不努力维护性关系,夫妻关系就会恶化;一旦缺少催产素,夫妻会面临分手的风险。相反,有的夫妻即使面临身体疲惫、育儿压力、体质变化、新奇感下降等问题，依然努力维持性关系，他们的关系会更有效、更牢固。这就是有爱有承诺的性。

随意的性行为会导致抑郁症吗？

我之前已经提到，当人们面对压力或者感到无聊时，随意的性行为是一种转移注意力或者逃避现实的方法，有的人还会把它作为放纵后的余兴节目。在这类关系中，有征服、有挑衅、有骄傲，也有得到很有魅力的对象所带来的虚荣感。这跟猎人把战利品悬挂于壁炉之上进行展示的心态一样。为了避免随意的性行为带来麻烦，我们必须把自己的感受抽离出去。这并不容易，许多人都做不到。我在咨询中听到过不少类似的困扰："我们经常见面、上床。我并不想和他/她有更多瓜葛，但几天前他/她打电话告诉我，说他/她开始跟别人约会了，这让我很难过。我原以为我不会陷进去。"

这种关系的问题在于，对方对你并无亏欠，既没有感情也没有承诺，你却很容易产生好感或者不该有的期望。2013年，有科学家针对随意的性行为和抑郁症进行过一次大规模的研究，并在《性研究期刊》（*The Journal of Sex Research*）上发表了关于随意的性行为对心理健康的影响的论文。研究表明，随意的性行为和抑郁症之间存在关联，且这种关联在男性和女性身上同样存在。随意的性行为还会导致极强的孤立感，引发焦虑，并让人更加难以确立稳定的、严肃的恋爱关系。这一结论在我的意料之中，因为我经常会遇到一些患者，他们虽然有频繁的性生活，却往往感到很悲伤。

两个方面：情欲与母性

进入青春期的年轻女孩会感到脆弱。她们的身体在发生变化，变化的程度不同，男性投来的目光就会不同，她们对周围人的吸引力也会不同。女孩之间更是会互相比较。因此，这个阶段比较复杂。对青春期的女孩来说，得到别人喜欢以及吸引别人的目光变成了最为重要的东西。伴随女性一生的绝大部分不安全感都产生于这个阶段。

近年来，在这个问题上对我启发最大的一本书是意大利精神病学家玛丽奥莉娜·塞里奥蒂（Mariolina Ceriotti）的《情欲与母性》（*Erotic and Maternal*）。我有幸在一次马德里之行中见到了她，我们一起吃了晚饭，我借此机会和她就女性世界进行了非常有趣和深刻的探讨。她提到了一个引人关注的概念——在性和情感的世界中，女性有两面：一面是情欲和性，另一面是母性。它们并不总是统一的。前者包括身体、欲望、掌控及享受自己身体的能力；就后者而言，女性不需要成为母亲就具备照料他人的天性，以及远高于男性的共情能力和敏感程度。

我们都知道，女性更容易抱团，更乐于表达善意和改善人际关系。一般来说，男性不像女性那么注重关系的经营。女性的这两面都是必要的，当它们巧妙地结合在一起时，女性的形象既美妙又完整。然而，有时候这两面似乎是矛盾的。

女性只有在童年和青春期时心理健康状况良好，才能较好地融合情欲的一面和母性的一面。但这种平衡的基础并不牢固，因此一个女人在生活中的某些时期会非常专注于情欲，而其他时期则展露出更具母性的一面。

长久以来，性快感一直被人诟病。女性对自己的丈夫负有责任。她是负责孕育生命的一方，性高潮对女性来说更像是意外之喜，而不是刻意追求的东西。如今，在这个充斥着色情文化的社会里，性这一面或许已经过度发展，而母性的方面很多时候都被否认和掩盖了。我喜欢引导和帮助女性，使这两个方面在她们的生活中达到和谐。

TikTok[①]、身体和女性

社会环境越来越关注人的外在形象，现在的许多小女孩都深受这种趋势的影响。我们看看儿童的服装设计，就会发现其中存

---

① 字节跳动旗下的短视频社交平台，即海外版抖音。——译者注

在不适合小女孩穿着的诱惑元素。

作为情感世界的专家,我深知,加速一个人的成长进程会阻碍其情感的健康发展。我想到了TikTok现象。记得几年前,这个应用程序刚刚问世没几周,发生了一件有趣的事:当时我正在超市排队,一位妈妈正在结账,她大约8岁的女儿突然开始在一旁舞动手臂和身体。我以为她有神经系统的问题,也就是医学上说的运动障碍。但是几天后,我去看望一位好朋友时,发现她女儿在门口做着类似的动作。我很疑惑,问她怎么了,她告诉我她在跳TikTok上面流行的舞。所以我对这个主题做了一些研究。

我在意的并不是舞蹈本身,要知道我也酷爱跳舞,我在意的是有太多小女孩和未成年少女面对镜头毫不羞涩地跳着性感热辣的舞蹈。

有一次我去哥伦比亚旅行,听到一个大约12岁的女学生在唱刚出的雷鬼风格的歌曲,歌词中有在性行为中贬低女性的言辞,这让我感到很不安。雷鬼音乐韵律简单,这些年轻女孩重复着歌词,却不明白其中的含义。这些音乐中充满了有关色情、性和攻击性的内容和词汇。在我看来,任由年幼的女孩传唱这些歌曲可能会带来巨大的风险。

这些歌词中所描绘的性,侧重生殖器的性行为,不含爱情元素,宣扬的纯粹是欲望驱使下的性快感。歌曲的编舞也很糟糕。

歌词中的女性被侮辱性地描绘成宣泄性欲的对象。只要随便看几段歌词，你就能明白我的意思。

2009年，匹兹堡大学对七百多名13—18岁的青少年进行了一项研究，询问他们性生活的情况，研究结果发表在了《美国预防医学杂志》（American Journal of Preventive Medicine）上。据调查，那些喜欢含有较多性爱内容的歌曲和性感舞蹈的年轻人倾向于更早地发生性关系。

这些数据对我来说很重要。我认为有必要在全社会形成共识，努力遏制这类内容在青少年群体中的传播，保护他们的童年和青春，最重要的是保护女性，这样她们才能够成长为完整的女人，实现情欲和母性的有机统一。

交友软件现象

以貌取人是件令人苦恼的事，你不得不通过照片来吸引对方。交友软件助长了性、身体和色情文化。一个人的价值是以他收到匹配邀请的次数来衡量的，他的自信心建立在他在交友软件中受欢迎的程度上。

使用交友软件要多加小心，因为它就像一台自动的感情分配机器。或者说它就像一台老虎机，你总是在寻求他人的认可。随着时间的推移，那种即时的满足感、那些多巴胺的火花会变成巨大的悲伤和空虚感。它的作用机制与毒品非常相似，这就是为什么人们会对交友软件上瘾，每天都需要吸收来自这些软件的自尊心补给。

❤ 梅赛德斯的故事 ❤

梅赛德斯32岁了，她刚与男友分手，她的朋友希梅纳建议她下载交友软件。

"一开始我很不情愿，但后来我开始觉得它很有意思。每天都有人给我留言，其中许多人我并不喜欢，但他们的主动让我感觉很好。我很难迈出第一步与别人见面，不过最近我终于接受了一次邀请，我们一起吃了晚饭。

"我当时非常紧张，努力表现得波澜不惊。我们很聊得来，我不想让他对我失去兴趣。整个晚上我努力表现得友善、幽默，我们的交谈很愉悦。利用希梅纳教给我的一些技巧，我的第一次约会很顺利。吃完晚餐，我们走回我家，然后发生了关系。第二天，他很早就跟我告别了，因为他必须去工作。之后他再也没有联系过我。我不断地在脑子里回放那晚的经过，想确认我有没有做错什么。与此同时，软件上不断有新的人给我发信息。

明天中午我跟另一个男人约了见面吃饭，但我觉得很没有安全感。"

那次咨询后过了几周，我又见到了梅赛德斯。她告诉我，她又遇到了一个男人，她对他有好感。他们共进午餐后，这个男人陪她走回公司，并约她改天再一起吃晚饭。然而，她一直没有收到他的再次邀约。梅赛德斯很不解，她不知道自己做错了什么。

梅赛德斯只是许多尝试线上交友的人之中的一个。像Tinder这样的交友软件影响了我们的处世方式、交往方式以及我们的自尊和情绪——有数据表明，每个用户平均每天使用11次该应用程序。他们最终会根据平台推送给他们的内容来制定自己的标准。

梅赛德斯正在受到这类交友软件上的一大弊端的困扰：对方突然人间蒸发，"玩失踪"。有些人在见面或聊一段时间后就不再联络。许多人认为这样可以"免去跟别人解释的烦恼"，但这实际上是一种非常缺乏情商和共情能力的做法。这意味着你做不到换位思考，看不到这种行为给对方造成的巨大的不安全感和痛苦。拒绝别人的滋味是不太好受，但这样单方面断联更是懦弱的表现。发出一条信息，无人回复，这就意味着被拒绝。我们都知道被拒绝带来的社交疼痛，它会激活大脑中与身体疼痛相同的区域。所以，不断被拒绝会影响我们的情绪，削弱我们的自尊。

我一直很想有机会和Tinder的老板谈一谈。我会向他提议，限制用户一次最多和三个人开启对话,因为大脑总认为后面还会遇到更好的人,所以不会用心进行当前的对话。只有集中注意力,深入地、平静地聊天,才有可能真正结识一个特别的人。假如你面临成千上万的选择和很多个正在进行的会话窗口,你很难把注意力集中在一个人身上,因为你的大脑想要更多的刺激和新鲜感。

別忘了,你的愿望可能跟交友软件对你的期待是相反的。你想找到一位伴侣,而交友软件希望你不断地寻找下去。

如果你要使用交友软件,一定要充分了解它的运作机制、保持足够的清醒,这样才不会轻易被伤害,而且说不定你能成为少数的幸运儿之一,在交友软件上找到你的人生伴侣。

爱情的算法

去年,我读了法国记者朱迪斯·杜波尔塔(Judith Duportail)的一本书《爱情的算法》(*The Algorithm of Love*)。在那之前,我在《卫报》上读到过她发表的一篇文章,标题是《我向Tinder索要它保存的关于我的用户数据,它给我发来了八百页黑暗的秘密》。在这本书中，她讲述了她是如何沉迷于Tinder这个应用程序的，试图了解它的工作机制，并讨论了Tinder与自尊和焦虑的关系。

几年前我单身的时候，参加过一个好朋友的婚礼。在舞会上，新娘的母亲走过来告诉我，不要着急，我的爱情很快就会到来。我觉得这种观念很伤人。单身好像成了一种原罪，我们被判忍受孤独和挫折。我真诚地相信，我们都具有爱人和被爱的能力，但是在变革激烈的21世纪，数字时代的利弊共存，寻找一个稳定的伴侣不是那么容易的事。媒体向我们施加压力，我们无法放慢脚步，无法停下来审视我们的生活，许多人际关系浮于表面，加上对社交网络的重度依赖，我们的生活陷入一片虚无。渴望被爱很正常，但是我们也要学会一个人把生活过得精彩，从长远来看，这样我们才能发现生活中爱情以外的美好。

女性身体中的"留声机"

作为成年人，我们的性格是由内在的声音塑造而成的。我们的"留声机"从我们童年时期开始就一直在调节我们的生活。这种来自内心的声音至关重要，它将影响我们长大后成为什么样的人、什么样的母亲、什么样的家庭主妇以及什么样的职场人。我想强调几个问题，帮你更好地理解女性的"留声机"。

许多女性都有一些生理或心理上的情结，对自己的外表极为苛刻。根据国际整形外科医生协会的数据，2019年，全世界共进行了2400万次整容手术。在某些国家，人们会把整容手术作为生日礼物送给刚满16岁的青少年。还有一些国家的年轻女性会努力攒钱来改造她们不喜欢的身体部位。

有的女性比较自卑，容易和同性产生矛盾，和异性相处也有困难。究其根源，她们往往有一位痛苦的母亲。也许是因为这位母亲没能平稳地完成从女人到母亲的角色转变——她生育后职业生涯中断、身材变化导致吸引力下降等等；也许是因为她身边的男性不知道该如何尊重和善待她。如果母亲对自己的新角色感到满足，并把这份快乐传递给她的女儿，对女儿的成长会十分有利。

如果女儿感觉到父母的关系是亲密无间的——父亲不仅对母亲有夫妻感情，又能体察、分担母亲照顾子女和家庭的辛劳，这会给女儿的情感发育打下坚实的基础。

这个互相影响的过程很复杂，每个家庭、每对夫妇、每个人都有其独特性。有些孩子虽然没有在非常和谐温馨的家庭环境中长大，但也拥有了健全的情感世界，形成了安全的依恋关系。包括在某些重组家庭中，父母新的婚姻关系的稳定性也能为孩子提供他们所需的平衡，帮助他们成长为具有良好情绪管理能力的成年人。

第一次性关系

青少年发生第一次性关系的平均年龄约为16岁。个别情况下是12岁，晚一些的大约在20岁。总的来说，面对"第一次"，缺乏经验的双方难免紧张、焦虑、兴奋、恐惧等情绪交织，产生些许不切实际的期望。

❤ 玛格丽特的故事 ❤

玛格丽特从来没有在性生活中得到过快乐。她明确地说，她不喜欢性。她年轻、有激情、聪明、有创造力、喜欢运动，对自己的身材很满意，但自从她在学校有过性经历后，就一直为此而困扰。

"这些年我一直有点不合群。我说不好确切是从什么时候开始的，但肯定是在青春期。我不喜欢被拥抱或触摸。我对我的孩子们会更亲近，但我不会亲吻我的父母或朋友。我在乎他们，但我只会用其他方式向他们表达我的爱。"

我开始逐渐深入了解她的经历，从她与父母及兄弟姐妹的关系到她的第一个男朋友。

"我清楚地记得他,他叫里卡多,是我高中时的校草。所有女孩子都喜欢他,但他想和我约会。我的第一次就是和他一起。"

我问她关于第一次的回忆时,她不知所措地看着我。

"很奇怪,"她说,"我多次试图回忆起那些细节,但我的记忆一片空白。我记得我们去他家参加夏日烧烤派对,他把我带到客厅——我记得的下一个片段就是我往身上涂了很多肥皂洗澡。我还记得我们在其他地方也发生过关系。奇怪的是,我完全想不起来与我的任何一个男友的具体的性爱场景。"

把特定的经历遗忘得一干二净通常是人的一种自我保护机制。我对玛格丽特能记起的小部分回忆片段进行了EMDR治疗,把它与她跟丈夫的亲密时刻联系在一起。她开始时有心动过速和出汗的反应,并回忆起了里卡多的脸。几分钟后,她想起来他曾经试图脱掉她的衣服,尽管她明确地说她还没有准备好,想以后再做。但最后,里卡多还是说服了她。

玛格丽特从来没想过她的问题是从那个时候开始的。治疗的过程缓慢而复杂,但她正在改善她与丈夫的性关系。现在她已经可以享受性爱,从中得到快乐。

许多性功能障碍和性功能紊乱的问题都源自早年的性关系。

可能在当时的关系中，疼痛和身体上的不适感多于快感，这些问题可能会延续到成年后的亲密生活中。

─────── ♥ ───────

如果"第一次"的经历不愉快或者很痛苦，可能会影响以后的性体验。

─────────────────

第一次的经历会在我们的身体、心灵和大脑中留下印记。如果这段记忆是美好的，那么在未来的性接触中，一切都会更顺利。如果初次的体验是创伤性的、痛苦的或尴尬的，就可能会产生问题。这并不意味着它会对所有人留下相同的印记。它对我们的影响因人而异，取决于许多情况，但是有大量研究显示，"第一次"对我们的改变比想象的要深远。

《性研究期刊》刊登过很多篇关于这个主题的文章，涵盖了绝大部分相关的议题。新西兰奥塔哥大学医学院的心理学系提出了一些非常有趣的观点：如果"第一次"的经历不愉快或者很痛苦，可能会影响以后的性体验。研究结果表明，初次性体验不佳不只因为我们以为的年龄问题，其实更重要的因素是当时自身的感受，比如感到被胁迫、受到外部压力、服用了药物或受酒精影响、没有安全感、有被利用的感觉、对自己所做的事情感到良心不安，也与发生关系的背景和自身的期望等相关。

期望值很关键

当今的年轻人看了太多的色情作品,他们怀着未知和忐忑在互联网上找到答案,但他们自己的"第一次"几乎不可能达到预期。失望可能会变成沮丧,甚至变成创伤,从长远来看可能会产生焦虑。

同伴压力

有一次,一个男生告诉我,他下载交友软件就是为了找一个女孩做爱,因为他的朋友圈子里就只有他还是处男。那些从未有过性生活的人觉得自己会被别人轻视,进而给自己施加压力!强迫自己融入一个团体意味着过于在意别人对自己的看法。因为担心别人的看法而做出违心的举动,这样的动机是不合适的。

第一次性关系的体验不佳可能会导致未来的不安全感和焦虑。我在咨询中遇到过很多过往性体验不好导致的心因性性功能障碍,包括勃起功能障碍、早泄和阴道痉挛。男性会给自己施加压力,如果他们的表现没有达到预期,他们可能会感到羞愧,自尊心受挫。

康奈尔大学的莎伦·赛斯勒(Sharon Sassler)博士在一篇论文中对600对情侣何时开始发生性行为进行了调查。数据显示,1/3的情侣很早就开始了性生活——在开始约会的一个月内。研究结果表明,那些第一次约会或在几周之内就发生性关系的人,长期关系的质量较低，分手率较高。另外，对许多女性来说，较早地发生性关系意味着一种承诺，而男性却不这么理解。

为进入一段关系做好准备，你需要了解人性、两性的身体构造、彼此的期望、自己喜欢的感觉和需要克服的恐惧。拥有一定的自尊和稳定的内心也是有必要的。我们迈向性世界的前几步都是懵懂的，它可能带给我们持久的伤痛。

在你要和伴侣发生第一次性关系时，不妨听一听我的三个建议。[1]

· 为爱"做爱"。要和相爱的人在一起，而不要拿自己的身体做试验，或者为了一时的欢愉交出自己，否则你很可能会感到自己被对方利用了。

· 在发生性关系之前，不要酗酒或者使用毒品，那些成分会让我们放纵沉沦，扭曲我们在性行为中体验到的快乐，模糊和贬低性的价值，也会使我们无法清楚地记住那些亲密的时刻。

· 保持合理的期望。"不要高估你的第一次。"多年来，我听许多人说过这句话。达到性高潮需要对自己和对方有充分的了解（男性和女性的性需求是非常不同的）。只有通过实践、磨合与共情，两个人才能产生必要的化学反应，通往最终的共鸣。

---

[1] 我的出发点是，每个人身上都带着来自家庭、社会、文化和宗教的价值观和信仰。无论你的思想体系是什么样的，这是我对你人生的初次性行为或者你在这段关系中的初次性行为的三个建议。

色情制品

在疫情期间,世界上最大的色情网站 Pornhub 推出了一个"慷慨"的服务,宣布开放其付费频道的内容给所有用户免费使用。该平台的访问量激增,而父母、医生、教育工作者、心理学家和精神病学家都对其引发的连锁问题感到担忧。

❤ 玛丽莎的故事 ❤

夏天的一个早晨,玛丽莎来到我的诊室。我之所以记得那是夏天,是因为她反常地穿着一件大衣。

"我一会儿有拍摄工作,不知道我能在这里待多久,我更喜欢把自己包裹起来。"她告诉我。

她的目光很清澈,但眼神中流露出忧郁和悲伤。

"我在色情行业工作,有大量的拍摄任务。有一天,完成拍摄工作躺在床上时,我有了自杀的念头。我大哭一场,不知道能给谁打电话求助。我的制片人对我的工作非常满意,因为我取悦了观众。"

玛丽莎的母亲曾在一个交友网站工作并在那里遇到了她父亲,她试图劝说玛丽莎不要进入那个行业,但玛丽莎当时一意孤行。

"我数学很差，不擅长学习，但我有一副好身材，干这一行对我来说挺合适的。"

玛丽莎正处于职业"窗口期"。疫情使她拥有了更多曝光度和粉丝，能让她赚到更多钱，但她感到很不舒服。

很多人观看色情片是为了体验多巴胺的分泌。"你一周看多少部色情片？"这是我经常问患者的一个问题。我知道这是许多人日常生活的一部分，我想要帮助他们了解看色情片如何影响他们的性生活、个人生活、认知能力以及和伴侣的关系。

不久前，我出席了全国儿科大会，负责讲授一个专题。在会议开始之前，我们就在讨论这个问题。观看大量色情片会改变大脑的结构和功能，它的后果是众所周知的：人可能会成瘾。成瘾的人在感到空虚、悲伤、孤独或无聊后，会开始寻求能提供即时满足感的东西来填补空缺，而色情片恰恰能提供这种满足感。因此色情片的作用机制与毒品非常相似。

观看色情片产生的大量多巴胺并非自然分泌，会改变我们的奖赏系统[①]，因此我们便很难在现实生活中感受到快乐。这就是许多看色情片的人在与伴侣做爱时出现性功能障碍的原因。他们中

[①] 人的大脑中存在一个奖赏系统，这个系统会通过产生愉悦的情绪来诱导和强化人们做出特定的行为。——编者注

几乎半数的人有勃起问题,但当他们再次沉浸于色情片时,这个问题就会消失。这可能会形成一个成瘾的循环。

此外,观看色情片会阻断前额叶皮质,而且随着时间的推移,会导致前额叶皮质的体积缩小,进而导致学习能力和记忆力变差以及注意力下降。

一项发表在《普通精神病学档案》(Archives of General Psychiatry)上的研究揭示了沉迷色情片如何损害大脑的奖赏系统。大脑越是适应高浓度的多巴胺,我们就越需要通过更多的色情片来获得更多的多巴胺。大脑会对色情片的刺激产生耐受性,因此,片子的内容必须越来越具有攻击性、暴力或露骨,才能使人获得与以前相同的满足感。研究表明,沉迷色情片和沉迷酒精激活的是大脑的同一区域——纹状体核。如果长期沉迷下去,尾状核和基底神经节的体积会减小。

♥

色情片会对我们的身体造成长期影响,引发抑郁症和勃起功能障碍等问题。

近几年,我们协助处理过一些年轻男子强奸女性的严重案件。犯下这些罪行的人大多承认经常看色情片。加州大学的马尔科·亚科波尼(Marco Iacoboni)教授担心,观看色情片会导致年轻人出现更多的攻击性行为。为什么这么说呢?由于镜像神经元被激活，一个人倾向于模仿他之前看到过的东西。

我坚定地认为，我们必须在生活的方方面面推广一种适度和平衡的文化，包括健康的性教育。同时要规范数字媒体中与性有关的内容，避免引入有害的概念、扭曲的图像、有攻击性的内容。在宣传有益的性知识时，也要让大家了解色情文化带来的负面效应。

在我们的社会中，色情片不应该拥有如此广泛的受众，因为它不利于亲密关系的健康发展。要知道，在世界上的许多地方，色情片已经成为导致伴侣分手的一大原因，比如美国的离婚案例中，有一半都是因为色情片，因为它提供了一个不真实的、基于幻想的和乌托邦式的性爱形象。年轻人被愚弄了，以为自己会在现实生活中得到和屏幕上相似的感受、体验和经历。看完色情片后，负责反省和控制冲动的前额叶皮质会退化和受损。因此，我们会变得更加原始，更倾向于凭本能行动，并产生一种把异性简单化、物化的危险倾向，这可能会让身边真实的人对我们敬而远之。

色情片扭曲了现实，不仅向观看者传达了错误的观念，让他们误以为女性时刻都渴望性爱，甚至是狂野的性爱，而且误导了观看者对女性身体的功能、被唤起需要的时间、喜欢的性爱方式等情况的认识。

近年来，女性中观看色情作品的人数也大大增加了。许多女孩向我承认，她们看色情片主要是因为影片教给她们取悦男人的方法。她们跟着影片学习如何摆姿势、如何扭动身体、如何更具诱惑力。

在我为玛丽莎治疗期间，她经常询问我治疗过的沉迷色情片的年轻人的情况。我给她讲过许多成瘾者的情况——他们成瘾的程度有深有浅——以及成瘾对大脑和行为造成的后果。她主动提出，如果他们中有人需要，她可以和他聊一聊。因此，有一天我向她介绍了卡洛斯，一个在20多岁迷上色情文化然后从大学退学的患者。在失去了女友和朋友之后，他不得不来我这里接受治疗。玛丽莎的故事深深地触动了他，并成为他生命中的一个转折点。

性是一件美妙的事情，但如果走错了方向，它就会像回旋镖一样最终对你造成伤害，甚至可能摧毁你。那么，如果将欢愉、性和爱结合在一起呢？我们能做到吗？当然可以。接下来，让我们进入迷人的爱的世界。

15
当我们坠入爱河，身体会发生怎样的反应

两个人之间的恋爱关系可以分为爱慕、激情、吸引、情欲、依恋等不同阶段和状态，在这个过程中，双方彼此产生感情，发生身体关系，成为伴侣。

接下来我会从多个角度来聊聊爱情。我们能遇到"对的人"吗？爱情是盲目的吗？坠入爱河会对我们的大脑和身体产生怎样的影响？

关于爱情的理论不胜枚举，近几年我也读了很多文献，进行了相关的研究。在众多专家学者现有理论的基础上，我来说说我的看法。

真的有"一见钟情"吗？

我们都听说过一见钟情，要么自己遇到过，要么周围的人经

历过，要么有人跟我们说起过。什么是"一见钟情"？在某一刻，某个陌生人对你产生了强烈的吸引力，我们只用几秒钟或者几分钟就意识到，这种吸引能衍生出某种对我们的人生来说更盛大、更稳固、更热烈、更重要的东西。你和这个人之间产生了强烈的牵绊。

❤ 弗兰和皮拉尔的故事 ❤

弗兰在朋友的婚礼上认识了皮拉尔，当时两个人都17岁。弗兰疯狂地"爱"上了她，皮拉尔的父亲也出席了婚礼，于是弗兰朝他走过去。

"我要和你的女儿结婚。"他信誓旦旦地说。

两个年轻人一起跳舞，说说笑笑，分享彼此的秘密。但是那次婚礼之后，他们有很长一段时间没有见面。

他们的人生轨迹逐渐分开。弗兰赴美国求学，但他始终记得那个与他有过一面之缘的少女。他们没有交换电话号码，而且那个时候WhatsApp[①]还不存在，所以他们一直没有对方的消息。

八年过去了，两个人在巴黎的一场聚会上再次相遇。

[①] 一款应用于智能手机之间通信的应用程序，可以发送和接收信息、图片和视频软件。

——编者注

弗兰简直无法相信,他居然能再次见到皮拉尔,而且她还没有男朋友!他走过去对她说:"请给你爸爸打个电话,问问他还记不记得我们认识的那天,我对他说了什么。"

皮拉尔惊讶地照做了。

"爸爸,我遇到一个男孩,他说很多年前在朋友的婚礼上他见到了你。他叫弗兰。他说他跟你说过话,你有印象吗?"

"我记得他,他说他要跟你结婚。"电话另一头的爸爸说。

一见钟情的爱情主要是对外表的"爱恋",正因为形象因素至关重要,所以一见钟情通常发生在漂亮且富有魅力的人身上。这或许能解释为什么研究表明男性比女性更容易一见钟情:因为男性是典型的视觉动物——别忘了我们讨论的是一"见"钟情,所以目光是关键。我父亲的一句话很应景:"总的来说,男人靠眼睛谈恋爱,女人用耳朵谈恋爱。"这样说可能有些以偏概全,但却不无道理。相关研究还表明:一见钟情发生时,两个人中往往只有一个人感受到了"丘比特之箭"的魔力,这可能和你预想的不太一样。

♥

著名的"一见钟情"很大程度上关乎视觉、目光、吸引力、欲望和激情,但是和爱情的关系不大。

爱情的发生需要了解对方，与之建立关系，而这些在刚见面时还不存在呢。所以一见钟情的"情"从何而来呢？抛开身体方面不谈，答案的关键来自童年和青年时期。也就是说，我们从很小的时候就已经开始描绘自己的爱情地图——一张我们在有意无意中列出的清单，上面写满了我们想要在伴侣身上寻觅的特质。这张地图和此刻我们感受到的吸引力共同激活了浪漫爱情的回路——人类学家和生物学家海伦·费舍尔（Helen Fisher）是这样解释的。

虽然最初产生了激烈的爱情火花，一见钟情的爱情却很难有好的结果。不过我有几个好朋友的浪漫爱情就是以这种方式开始的，所以我一定要把他们的故事讲给你听。当然，从一见钟情到走进婚姻殿堂，这些夫妻为了维护彼此的关系也付出了大量努力。他们的感情也遇到过不知该何去何从的时刻，他们也曾用各种方法来巩固婚姻。

"爱情是盲目的"，这句话到底对不对？

我父亲对于心灵的问题有着独到的见解，他对这句话的看法是这样的："爱情出现的时候，可能非常盲目，但是当爱情离开的时候，我们的头脑非常清醒。"这句话背后的意思是什么？当一个人坠入爱河时，他的大脑会发生一系列非常有趣的变化，其中我认为最关键的一个变化在于，前额叶皮质（负责集中精力、制订计划、做出判断的区域）会停止工作。"他已经失去理智了。"人们通常这样说。他会不知道什么适合自己，很难分辨、预判关系中潜在的风险。

杏仁核——负责产生恐惧感的大脑区域——活性会降低，警戒程度也会下降。换句话说，人们感知危险的能力会钝化。人一旦坠入爱河，他会愿意为爱情赴汤蹈火！所以，当我们陷入爱情时，我们常常对一切问题视而不见，比如"他/她可能最多20岁！""他/她住在另一个国家""他/她已经结婚了""他/她正在打一场麻烦的离婚官司""他/她没有工作""他/她跟妈妈住在一起"……我们也可能会选择性地遗忘一些对我们来说原本很重要的标准，而一味放大对方身上我们所喜欢的特质——"太有魅力了""太风趣了""多么热情""多么有趣"……

这一点很关键。海伦·费舍尔明确指出，从一见钟情到徜徉爱河的阶段平均能持续17个月。

伟大的爱情专家们建议花一年半的时间让感情稳定和沉淀，我同意这一观点。不要刚认识就头脑发热地跟人结婚或者同居。等一等，等你的前额叶皮质恢复正常的工作状态，这时你才能明智地判断出这段关系该怎样发展下去。

不要进展太快！

我们都知道，一见钟情会加速关系的发展。充满激情的人往往会迅速投入其中。我通常建议大家谨慎行事，不要在一段关系的开始阶段过于冒进，因为有时候这样的关系未必能有好的结果。在恋爱关系中加速前进意味着在其中一方对感情不够笃定时就发生性关系，见面后很快就同居，提前举行婚礼……别忘了，一段关系进展是否顺利在于一个人的成熟程度，一个成熟的人会在恰当的时机将关系推进到新的阶段。

给大家一个建议：当你对一段关系心存困惑时，不妨慢慢来。激情、火花和迷恋有时候会让人难以抑制自己的情感，做出愚蠢的决定和不理智的举动。我们停摆的前额叶皮质会使我们无法正确地分析情况。

在"坠入"爱河后，人们有时会感受到巨大的欲望和吸引力，但很少能产生维持一段关系良性发展所需的爱意和志同道合之感。而当激情退去之后，我们才会意识到彼此价值观的差异，才发现这段感情并不像我们想象的那样牢固。

当我们回忆一段感情的开端时，往往会后知后觉地发现这段感情开始得太匆忙——可能是因为身体的吸引力太强烈，可能是想通过新欢忘却旧爱，甚至可能是因为害怕孤独。当一段关系进展太快时，我们仿佛着了魔一样，一刻也无法停止对对方的思念。

❤ 艾塔娜的故事 ❤

艾塔娜原本是个理性的人，但她在网上认识一个男孩后，疯狂地迷恋上了他。

几个月前，她兴奋地对我说："自从认识他那天起，我们几乎天天见面。我们已经开始讨论要孩子的问题了，我终于遇到了极其特别的爱情。"

我很担心，试着用最委婉的方式劝她对待这段感情更谨慎一些，但是她没有听我的。

她说："不要给我泼冷水。极致的爱情终于发生在我身上了，我想全身心地感受它。他说我们应该搬到一起住，这样可以省下房租，我打算答应他了。我知道我们进展得太快，可我们只是想弥补过去错过的时光。"

当你读到艾塔娜的故事时，你可能觉得在你自己或者周围的人身上发生过类似的事情，你一定也记得故事的结局并不算美好。那些开始得过于轰轰烈烈的感情往往会遭受现实沉痛的打击。当然，这样的关系也有开花结果的，但是可以想象其中有多少痛苦！原因很简单，就像我说的，在感情最难舍难分的阶段我们跳过了对许多关键问题的探讨，缺乏对对方的深入了解，无法为这段感情打下一个坚实的基础。

正如我说过的，在一段关系的开始，需要放慢脚步、谨慎前行。我们生活在一个加速运转的世界里，人们追求即时满足，沉迷于形形色色的情感体验。在这样的潮流中，放慢脚步虽然显得跟不上时代，却是十分必要的。这也是"慢生活"的支持者所主张的。他们并没有摒弃爱的主题，而是认为应该慢慢爱——我们不仅应该放慢做事情的步调，而且应该学会以更深思熟虑的方式生活，避免承受过大的压力或者沉湎于某种情绪。我们要享受生活的小细节，给自己机会细细品味爱情的开端。

从大脑回路谈爱情

在爱的问题上，海伦·费舍尔从科学的角度把爱情划分成了三个与不同脑回路有关的阶段。

（1）性欲

最具生理属性和冲动性的需求，身体会寻找各种各样的性伴侣。

（2）浪漫的爱

你的全部心神都集中在一个人身上，无暇他顾。你的占有欲变强——"他/她是我的"——你像是着魔了一样，无法停止对那个人的思念。

这种脑回路是原始的，它会分泌多巴胺，激活伏隔核，也就是负责产生愉悦情绪、使人成瘾的激素。这是我们在诗歌、歌曲和电影中见到的爱情。它会让你坚信你遇到了世界上最棒的人，没有人能跟你的恋人相提并论。你认为你很幸运，因为你已经找到了你的另一半。

（3）依恋

在海伦·费舍尔看来，在这一阶段，你和你的伴侣形成了非常深刻的羁绊，甚至开始讨论抚育子女等长远的话题。我称之为伴侣关系已经稳固的阶段。在这个时期，激情逐渐退去，而你们之间的感情却日益深厚。你们有长久在一起的意愿，在磨合中学会了共同生活，你们在努力组成一个有共同的价值观、温暖的、有爱的家庭。

许多人在到达这个阶段时会感到害怕，因为他们没有产生跟对方同样的想要安定下来的感觉。实际上，从生物化学角度看，他们的多巴胺水平较低。这是催产素占主导的阶段，是安顿下来的阶段，是成长的阶段，也是巩固正在形成的家庭的阶段。

当我们坠入爱河时，大脑发生了什么变化？

当我们坠入爱河时，世间万物都被加上了美好的滤镜。发生的事情变得更美好，世界变得更亲切，听到的歌曲都会让我们想起恋人。我们的内心充满喜悦，想纵情舞蹈，嘴角始终挂着微笑。当我们坠入爱河时，身体会产生内啡肽，缓解我们感受到的疼痛或悲伤。所有事情都变得新鲜而有趣。我们的食欲降低、睡眠减少，但是我们仍然很兴奋！我们的情感变得异常浓烈，一件小事就足以让我们兴高采烈。

♥

我们每个人在生活中对爱的感受是不同的。

当我们坠入爱河时，我们体内有四种激素被"唤醒"。

（1）催产素

它增强了我们拥抱和触摸恋人的欲望。它让我们无条件地信任对方，畅想未来与对方共同生活的情景。此外，它还加强了恋人之间的牵绊和感情。

（2）肾上腺素

我们会心跳加速、紧张到胃抽筋、食欲下降，这些都是由肾上腺素引起的。它促使我们把注意力全部集中在对方身上，也就是歌曲中唱的"我的心里只有你，没有他"。

（3）多巴胺

它是负责奖励回路的快乐激素，与成瘾有关。在我们坠入爱河，享受浓情蜜意的阶段，我们体内会大量分泌这种物质。因此在这个阶段，我们总是反复触摸和注视恋人，以重复体验那种愉悦感。从某种程度上讲，我们会对靠近对方时产生的感觉上瘾。多巴胺会帮助我们记住最初的时光中那些哪怕是最小的细节。

如果你还记得你们的关系是怎么开始的，你可能会惊讶地发现你连那些最奇怪、最无关紧要的细枝末节都记得一清二楚。在关系开始的阶段，身体会分泌高浓度的多巴胺，以巩固正在形成的感情。如果我们在一开始的几周没有体会到这种兴奋感，那么这段关系就不太可能会有好的结果。在开始的阶段，我们需要这种"拉扯"。之后多巴胺的分泌逐渐减少，给我们的"老朋友"催产素让位。如果我们一生都活在关系初始阶段那种高浓度的多巴胺中，我们就会忽略生活中的其他方面，比如饮食、工作和健康。

（4）血清素

它是幸福的激素，与食欲、高昂的性欲、充沛的精力以及享受的感觉密切相关。

除了激素，还有别的吗？

激素和生理因素在我们择偶方面发挥着重要作用，并且很大程度上约束着我们在恋爱中的行为，但它们并不会起决定性作用。

了解激素的功能有助于我们理解人们坠入爱河时的许多表现，但是激素既不能指挥我们，也不能左右我们。实际上，陷入爱河时体内激增的激素在几个月后就会减少，并趋于稳定。到了这个阶段，是我们的感觉、意志和维系承诺的愿望让这段关系走得更远。感情第一个阶段的欲望、吸引力和化学反应会让位于一种更稳定的关系，也就是浪漫爱情。你感觉仿佛已经认识了对方一辈子那么久，彼此亲密无间。

这个阶段过后，很多人开始觉得"我没有最初那种感觉了"。千真万确，我们不再因为分泌的激素而"上头"，我们的心理正在发生变化，刚开始那种因为恋爱而欣喜若狂的感觉消失了。我们自己原有的追求、思想、情绪和行为渐渐复归正常。除了寻求恋爱的美好，我们也开始关注并重视其他事情。

关于爱情的一个极大误解就是，认为对方会永远和你有同样的感受。

有的人认为应该一直生活在激情四射的兴奋状态中，所以一旦他觉得没感觉了，就很可能会和伴侣分手。这就是为什么再婚后的离婚率高于初婚离婚率，而第三次婚姻的离婚率会继续增加。

当感情基础稳固后，恋爱进入第二个阶段，两个人进入相对平和的相处状态，并希望继续维护这段关系。这就是海伦·费舍尔描述的在稳定的关系中共同生活的愿望——双方产生牵绊并萌生组建家庭的愿望。在这个阶段，两个人有必要建立秩序、共同的目标和守则。如果不运用头脑和意志用心维护关系，它就会分崩离析。

当迷恋退去时，真爱就会出现。这时，我们才会思考这段关系是否有未来。这段时间很关键，因为我们会觉察到对方是否愿意为这段感情而努力。我们都希望找到一个愿意竭尽所能维护这段关系的伴侣。没有人希望和这样的人长相厮守——"只要我有感觉，我就爱你，关心你；而如果关系开始变得紧张，我们就分手"。和这样的人在一起会让人失去安全感！

♥

爱情不仅需要激情与热忱，还需要细水长流的稳定和平淡。

想要拥有稳定的伴侣关系，让家庭平稳运转，最根本的是要选择正确的伴侣。在择偶中犯下的错误会累及我们的一生。接下来我想把多年来我一直在座谈会和讲座中向听众们传递的理念分享给你。

如何选择正确的伴侣？

十年前，当我开始从事精神病学和心理学工作时，我很惊讶怎么会有那么多人面临伴侣关系的危机。到了今天，这种情况不但没有好转，甚至更糟。在许多欧美发达国家中，平均每四分钟就有一对夫妇分手。

我挑选了几本关于爱情、人际关系等主题的书[①]，书中都谈到了维系婚姻或伴侣关系的关键方法。可是我又感到很困惑：如果根本问题在于选错了人呢？为什么我们有时候会与不适合自己的人开始一段关系？我们能否学会选择正确的伴侣？

影响选择的元素有很多。大多数人会根据自己的经历、内在的声音、与父母的关系、所有交往过的对象等创造出自己想要的伴侣的画像……有时候这种无意识的画像并不是最适合我们的，但它是我们全部经历的映射，因此，当我们在生活中遇到符合画像的人时，就会产生感情。

很多人认为选择什么样的伴侣不太重要，实际上这非常关键。选对人对关系后续的走向有决定性的意义。心理学家麦格·杰（Meg Jay）在她的《决定性的十年》（*The Defining Decade*）一书中提到，选错伴侣会给我们带来持续一生的影响，因为我们将要和这个人一起做出许多会对我们生活产生巨大影响的决定：在哪里生活，如何管理金钱，给孩子提供什么样的教育……如果关系破裂，我们将在之后几十年里被这段关系遗留的许多问题困扰，如果还涉及孩子，情况就更复杂了。

[①] 我推荐的关于伴侣关系的书单详见本书推荐书目部分，内容都比较简单易懂。

有些人不懂得如何选择，会做出错误的决策——"我总是爱上错的人，为什么会这样？""是我的问题吗？"有时候，爱发生在我们意想不到的时刻。也有的时候，我们要主动出击去寻找爱情。你要清楚自己想要什么并为之努力。在观察了数百段关系之后，我提出了一种理念，我把它称作"金字塔理论"。

16
我们是如何做出选择的？

本节可以有多种用途。如果你有伴侣，你可能想了解你是如何坠入爱河的；假如你的情路坎坷，你大概想为自己寻找一些"策略"；也许你是一位家长，想与你处在青春期的孩子聊一聊浪漫关系。无论是哪种情况，我想本节的内容都会引起你的兴趣，并给你一些启发。

爱而不得，或者伴侣关系出现危机，都会令人痛苦。当我们说"我爱你"时，默认的期限是永远，而当这个"永远"被打破时，我们内心的堤坝就会悄然崩塌。

所有的夫妻都会经历关系的低谷期，而原因各不相同：一方对另一方厌倦、其他人横刀夺爱、对对方的感觉波动不定、一方无法再承受某些压力、对方父母干涉、对孩子的教育产生分歧、出现经济问题、罹患疾病……面对艰难的现实，有合适的人陪在身边可以帮我们走出困境。选择伴侣意味着有意识地寻找一个具有特定特征或大致符合自己心理预设的形象，包括对容貌、心理、思想、为人处世之道和文化水平的考量。想清楚我们要找一个什么样的人，才不会被一时的心动和诱惑冲昏头脑。

让我来向你介绍一下我的金字塔理论。如果你在寻找合适的人生伴侣，想和他携手朝着共同的人生目标奋斗到底，相信你会感兴趣的。当然，两个人关系的走向可能好可能坏，但我们的初衷是明确的。

———————— ♥ ————————

做出正确的选择，可以避免危机。即使不能避免危机，也会更容易度过危机。

————————————————

我先来说一说选择的四个阶段，这有助于我们更好地理解金字塔理论。

（1）火花

好像有什么东西在你身体里萌芽了，你想知道更多关于他/她的事情。你喜欢他/她的肢体语言，喜欢他/她的目光、微笑、身材以及他/她说话的方式和风格。他/她身上显露的某些特质吸引着你，让你愿意多花时间与他/她相处。一个男人很难在最初几次约会中就爱上一个生理上对他没有吸引力的女人，而女人则很容易因为与对方相谈甚欢或者因对方能言善辩而对男人心生倾慕。虽然她们也会被对方的身材吸引，但她们没有男人那么在意这个方面。

我认识的很多女性都承认，当她第一次遇到她的伴侣时，根本不觉得被对方吸引，但随着时间的推移，她爱上了对方，现在她甚至觉得他很有魅力！我也听过很多男性的故事，如果他们一开始没有被对方吸引，就需要花更长的时间才会坠入爱河。[1]

♥

当你遇到一个人，他的个性和魅力（二者的顺序不分先后）对你的吸引力大到足以触发恋爱的可能时，就会产生火花。

（2）头脑

接下来，智力就要开始发挥作用了。如果初次约会（或者在刚开始的阶段）你就宣称遇到了永恒的爱情，亮出你所有的底牌，和对方发生性行为，那么这段关系不大可能会有结果。我并不是说这段关系一定会以失败告终，但是它失败的概率要高得多。关系进展过快，说明你的思维已经被蒙蔽了，你不清楚这个人到底适不适合你。

别忘了，我们很多时候是被刚开始约会时那种来势汹汹的激

---

[1] 我想避免给人留下任何刻板印象或者过于一刀切的言论。这些年我听过许多与爱情有关的故事，我意识到有一些反复出现的模式。通过列举这些模式，我们可以在初识阶段更好地了解对方，做出更明智的决定。

情、身体的吸引力和强烈的情感驱动着开始一段关系的。当你无比兴奋时，很难深入地思考。在前额叶皮质不活跃的情况下，我们很难冷静地进行辨别、分析和决策。想确保在最初的激情和火花退去之后选到对的人，关键在于用头脑主宰我们的决定——我并不是说感觉不重要，而是说应该用头脑引导我们的感觉。不管是在讲座上、咨询中还是面对我身边的人时，我总是说，针对一段关系的取舍，最理想的办法是问自己这样几个问题。

- 这段关系适合我吗？
- 对方能使我成为更好的人吗？
- 对方和我为人处世的方式以及我的价值观念匹配吗？
- 对方符合我的择偶标准吗？

最后一个问题非常重要，我接下来会详细解释。前三个问题的答案必须是肯定的。如果在思考这些问题时，你发现自己对答案不确定，或者明确知道你们在某些方面不合适，那么最好不要继续进展下去。不合适的原因有很多种：对方已婚、有小孩、住在另一个国家、总是让你痛苦、已经订婚、吸毒、花心、对关系不认真……

没有什么比爱上错的人更糟糕的了。如果理智告诉你应该停下来，但你还是继续往前走，那你注定会在这段感情中受到伤害：要么是以后当你鼓足勇气结束这段关系时，它已经给你留下了烙印，你们双方都会因为分手而痛苦；要么是未来你们一起面对生活中的摩擦和分歧时，你们的关系也会破裂。

在一段关系中，双方都会投入大量的情感，以至于很多时候即使我们知道对方不是合适的人选，最终还是会选择走向谈婚论嫁这一步，因为我们不知道如何与对方分手。金字塔理论的关键就在于这一步，我将在下一节详细解释。

（3）坠入爱河

真正的爱情登场了，这是一种浪漫的、刻骨铭心的爱情。当我们坠入爱河时，彼此之间会产生欲望和身体上的吸引力，我们渴望激情能够永不消减、永不褪色。

许多情侣关系的开始是因为彼此合适——"他/她适合我，对我很好"。也就是说，他们没有感受到巨大的激情或强烈的爱，但的确有足够的东西让他们继续下去——"他/她人很好""他/她很照顾我，很有魅力""我父母喜欢他/她""他/她的家人都很好""他/她勤劳、善良、有责任心""他/她在各方面都很出色"。

如果你对你的伴侣没有产生爱情，我建议你们不要继续在一起。我知道这是一个艰难的决定，因为最近我陪伴许多人走过了这个人生岔路口。为什么说应该分手？因为你可能会爱上与你擦肩而过的另一个人，那时你将无法（至少很难）再和你的伴侣继续相处。而不结束这段关系的原因可能是害怕孤独、害怕面对自己心中的恐惧或者害怕向对方坦白。

❤ 伊莎贝尔的故事 ❤

伊莎贝尔，37岁，结婚五年后因为丈夫出轨而离婚。她非常痛苦，陷入了严重的抑郁状态。她在一家科技企业担任秘书，大部分工作都在网上进行，所以自从离婚后，她结识的人非常少。

她结婚时搬到了新的城市，现在感到非常孤独，因为她的家人都住在另一个城市。她开始在社交网络上认识新朋友，有一天，她跟一个在交友软件上认识的人见了面。他叫胡安，47岁，离异，有两个十几岁的儿子。他们开始见面并交往，一年后他们搬到一起生活。

当我见到伊莎贝尔时，我发现她忧郁、悲伤，对生活没有期待。我们聊了很多关于胡安的事。

"我喜欢他，但我不爱他。他缺乏情感，没有那么在意我。然而，我很害怕和他分手。我一直在问自己，孤身一人与跟他在一起，哪个选择对我来说不那么糟。他有他的优点，但他不是我的真命天子。"

对于伊莎贝尔，我把治疗重点放在她的性格、她的经历和她的分离创伤上，努力增强她的自尊，减轻做这个决定带给她的痛苦感觉。在她准备好结束这段关系并直面她的恐惧之前,她的目标之一是"尽管感到不安,但还是要学会独处"。治疗是一个漫长的过程,现在她感到更有信心了,如果有一天有合适的伴侣出现,她应该能做出正确的选择。

♥ 加布里埃尔的故事 ♥

加布里埃尔是一个35岁的男子。他在一场派对上认识了安吉拉,对她一见钟情,后来发现她刚好是自己好朋友的表妹。

安吉拉是一个勤奋、善良的女孩,她闲暇时间会在一个慈善基金会做志愿者,照顾那里的患病儿童。她喜欢打网球,还喜欢旅行。

"我意识到她是一个值得交往的女人。她拥有所有我一直以来欣赏的品质,我非常了解她的社交圈和家庭。"他告诉我,"派对结束几个星期后,我们开始约会。我非常喜欢她,但我总觉得好像差点什么,却又说不上来。我谈过几次恋爱,安吉拉明明是我认识的最出色的女孩,我应该更爱她,但是我没有。有时候我觉得我应该提分手,因为我感觉对她的感情差了那么一点点。但是我只要分析一下情况,就会打消分手的念头,跟她继续相处。

我因此感到很焦虑，已经几周没有睡好觉了。我不想欺骗她，但我自己的感觉也很混乱。"

加布里埃尔非常清楚问题所在，他对安吉拉的感觉不对，他没有爱上她。但是他的头脑劝他继续交往下去，因为安吉拉自身条件很好，拥有他希望自己的伴侣具备的所有品质。在这种情况下，做决定是很艰难的。他的第一选择是尽可能地爱上安吉拉，是的，这是可以努力做到的，需要培养感觉，用心感受，努力去发现对方的闪光点。

很多夫妻在努力经营感情后，看到了对方身上更多的优点，夫妻关系得到了改善。一个能带来积极影响的人很容易赢得伴侣的好感和喜爱，爱情是可以通过时间慢慢培养出来的。要知道，在有些关系中，爱情一开始就来势汹汹；而在另一些关系中，爱情需要文火慢煨，可能需要几周、几个月甚至几年才能到火候。我们认识的人中都有最后选择和多年老友、一起共事的伙伴或者某个一直很亲近的人结婚的——不知道怎么回事，突然有一天他们看待彼此的眼光发生了变化！

如果你是那种很感性的人，体会过坠入爱河的感觉，那么如果对方不能给你带来这种感觉，你可能会感到焦虑，哪怕你面前的这个人条件优越。这种情况下，无论如何你都需要冷静地结束这段关系。做这种决定的确非常艰难，但是假如你和对方在一起时并没有心动的感觉，总觉得怅然若失，那么这对你、对对方都是一种折磨。[①] 还有一种可能性：你之所以在恋爱中对对方毫无感觉，是因为你受过情伤，为了防止自己再次受伤害，你给自己穿上了盔甲。如果是这样，建议你寻求帮助、治愈心伤。你不妨给自己一点时间，也许随着伤痛的减轻，心动的感觉会慢慢浮现，你会开始珍惜这个耐心温柔地陪伴你、治愈你的人。

（4）意志力

如果你选了对的人，你余生的伟大盟友将是你的意志力。因为爱情不仅仅是一种感觉，也是一种依靠意志力的行为。你决定为这段关系付出，因为它适合你，因为它是积极的，因为它让你成为更好的人，虽然偶尔它也会让你感到痛苦。爱情不能全凭感觉，也不能过于理性，因为这两者都在时刻波动和变化。有时候它们让这段关系十分融洽，有时候它们又将关系推入低谷，所以我们需要借助意志力维系这段关系。你和你的朋友肯定经历过相看两厌的低谷期，你肯定也曾因为父母或孩子感到筋疲力尽。你对一段关系的感受会随着多种因素而变化，所以重要的是发挥意志力的重要作用，把握根本方向。

意志力对爱情意味着什么？注重生活中的细节、记得特别的日子、留意对待对方的方式……每天发生的事情从来不是无足轻

[①] 请注意，这里我们探讨的是恋人的选择，不涉及已婚夫妇。如果你们是夫妻，那就意味着你们的关系出现了危机。为了解决危机，我们要采取其他方法，必要时可以向外界寻求帮助。

重的，恰恰相反，它们是日复一日相处的基础，也能让伴侣感到快乐。运用意志力意味着用心付出，努力让伴侣过得开心，陪伴、支持对方走出遭遇挫折的阴影或低谷期。尽管生活中有逆境、有疲惫、有厌倦，只要你们真心相待，彼此做伴的生活将变得有滋有味。

❤

当你用心做好一件小事，它就会变成一件美妙的大事。

17

金字塔理论：选择具体的人而非抽象的人

寻找伴侣的标准

我认为，一个人应该清楚自己在寻找什么样的伴侣——这对确保一段关系的稳定和持久很重要。也许现在你正处于另一种情感状态中：你没有在寻找伴侣，而是刚结束一段感情，或者刚开始与另一个人交往。无论你处于哪个阶段，下面的内容都会对你有帮助。

请你想象一下金字塔的形状。位于底部的是最坚固的基石，也就是你认为对方身上必须具备的特征或品质。我把这些称为一类标准，是你的伴侣绝对、必须具备的品质。我曾经帮助数百人规划过他们的金字塔，里面包含各种各样的标准。要想明确你自己的标准，你需要充分地了解自己：了解你的情感史、你的缺点、不安全感的由来和生活中的爱好。

明确一类标准后，接下来我们继续向上搭建。二类标准会让你心目中的理想形象逐渐丰满起来，因为这些标准更具体、更个性化、更详细，有助于你们未来关系的发展。

一类标准是最根本的，是维系伴侣关系的支柱；二类标准能催生彼此间的化学反应，促进沟通，推动关系的深入。

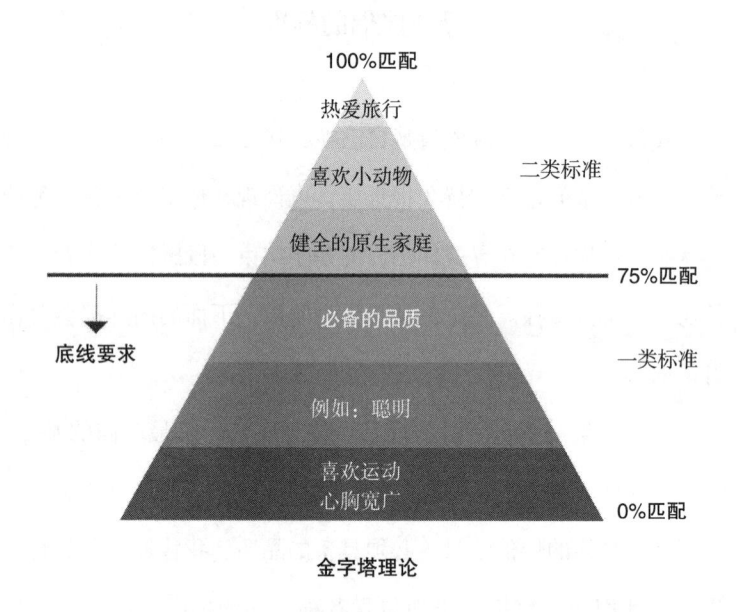

金字塔中从上到下依次为：100%匹配、热爱旅行、喜欢小动物、健全的原生家庭、75%匹配、必备的品质、例如：聪明、喜欢运动 心胸宽广、0%匹配。右侧标注"二类标准""一类标准"，左侧标注"底线要求"。

金字塔理论

你要求的匹配度越高，就越难找到符合标准的人。不过，一旦找到了，他/她很有可能就是对的人。

> 可能有许多人能引起我们的注意,与我们擦出火花,但适合长期共同生活的并不会太多。

我们每个人都有自己的标准

聪明,与自己三观相合,有吸引力,有教养,性格外向,顾家,严谨,幽默,家教好,忠诚,无不良嗜好,与自己有一致的金钱观、爱好、政治观点或宗教信仰,喜欢运动,喜欢旅行,喜欢小动物……你的标准要由你自己来定义。

你心目中的聪明可能和别人认为的不一样,你认为的三观正常在别人眼中未必尽然。尽量用肯定的方式向别人传达你的标准,比如,"我更希望你能这样做"就比"我不喜欢你处理问题的方式"沟通效果更好。

你可能要说,我希望对方各方面都好!但是"各方面都好"是不可能的,你必须想清楚哪三项对你来说是最重要的。你还记得大脑的上行网状激活系统吗?我在《如何让好事发生在你身上》中对它进行过深入的阐述,现在我想再简单解释一下。大脑每个瞬间会接收几百万比特的信息,但它只会注意我们感兴趣的东西或我们正在找寻的东西。比如,女性在怀孕后,会觉得到处都是婴儿车。当你决定购买某种型号的汽车后,会在街上不断地看到这款汽车。

上行网状激活系统是位于脑干的一组神经元,负责对到达大脑的所有信息进行过滤,优先处理与我们的目标、关注点甚至是我们的生存相关的信息。我的好朋友马里奥·阿隆索·普伊格(Mario Alonso Puig)医生说:"内心真正渴望的东西,最终会被大脑揭示出来。"我推荐你读一读他的著作和文章。当我们对某些东西感兴趣时,大脑会尽力在接收到的信息中搜索它。这并不意味着只要我们足够渴望,想要的东西就会像变魔术一样冒出来,而是大脑会尽力在环境中找到它。如果看到有什么东西跟你渴望的类似,你的上行网状激活系统会把它展示给你。问题是,许多人并不知道自己想要什么,所以就会随波逐流、人云亦云。因此在选择伴侣的问题上,我建议你激活自己的上行网状激活系统。

如果你能明确自己的标准、知道自己在寻找什么,当具有这种特征的人出现时,你的大脑就更有可能注意到他/她。这将帮助你认识他/她,与他/她擦出火花甚至发生更多的故事。这一点非常有价值,所以请牢牢记住它!当你对某件事情感到兴奋时,你的大脑会发生变化,因为此刻你的情绪状态能改变神经元的常规程序。

❤

专注于你真正想要的东西,无论它是什么,都要为之投入热情。你会先开始感觉到内心的变化,然后你的现实生活也会得到改变。

我们吸引着生活中发生的一切

激情意味着全身心地投入到我们所做的事情中。注意了，并不是说要痴迷于得到我们向往的东西，因为这可能会适得其反！有时你必须抽离出来，从更全局的视角审视，更换目标。

当你未达到预期目标时，退后一步，拉开一些距离，重新分析情况，重新定义你所寻找的东西。你会发现，也许情况已经不一样了，也许你要的东西太复杂，也许你找错了地方……

当我们激活上行网状激活系统时，就会一直不断地接收信号，由此逐渐找到属于我们的道路。就现在的主题而言，这些信号可以引导我们找到正确的人生伴侣。

❤ 贝尔塔的故事 ❤

贝尔塔今年39岁，患有抑郁症，起因是她与交往三年的恋人分手了。她在一家广告公司工作，非常喜欢旅游和运动，性格活泼，对世界充满好奇。

她的前男友来自单亲家庭，与母亲生活在马德里郊区的一个小镇上。他是一名公务员，生活单调，不喜欢冒险，很少出门旅行，因为他害怕坐飞机。

贝尔塔最初被他的外表吸引,但后来发现他过于投入工作,生活中非常无趣。从一开始她就知道他们有些方面不合适,但她非常喜欢他,不敢离开他。

最后她意识到她必须结束这段关系,于是提出了分手。几天后,她开始感到悲伤、孤独和焦虑,内心有几个声音在对她说——"你会孤独终老""你看人的眼光不行""你不喜欢现在的生活"。

当她发现类似的声音越来越多时,她决定来向我寻求帮助。

在最初的治疗中,我们先着重解决她的抑郁症状,病情好转后,我们就开始分析她的性格和经历。贝尔塔一直不知道如何选择伴侣,也不知道自己在寻找什么样的人。一遇到感觉还不错的人,她就开始和对方调情、约会。我们一起回顾了她的童年,剖析她与男性相处的方式,探索她年轻时没有愈合的伤口。

有一天,我和她聊起了上行网状激活系统,为她绘制了展现伴侣匹配度的金字塔。根据她的性格,我们首先选出了三个(基本)标准:乐于冒险、有幽默感、顾家。

我让她在接下来的几周时间里努力激活她的上行网状激活系统,并随时告诉我她的情况。治疗结束后,发生了一件有趣的事。贝尔塔离开我的办公室之后就去了车站,准备乘车返回她的城市。过了一会儿,我的秘书说贝尔塔给我打来了电话,有急事想和我谈谈。我接通了电话。她带着吃惊的语气快速地说,她火车上的邻座是一个和她年龄相仿的男人。他正在用电脑制作一个PPT(演示文稿),标题是《缅甸大冒险——令人难忘的经历》,PPT中有他骑大象和漂流的照片……他符合她的金字塔一类标准中的一项!她对此有点不知所措。我建议她与邻座慢慢地聊一聊,看看会发生什么。

几周后,当我再次见到她时,她告诉我,挂断电话后她鼓起勇气向邻座的男人询问了照片的事。他说他在一家旅行社工作,负责测评世界各地的酒店和旅行体验。她的心开始狂跳,又仔细地看看他,发现他非常有魅力。她不知道自己的感觉是否与他的冒险经历有关,但她被迷住了。她还问他,有没有同伴一起旅行。他回答说他是单身状态,因为没有人能够忍受他的生活节奏。贝尔塔的上行网状激活系统起了作用!现在他们已经结婚了,感情很稳定,正在等待孩子的出生。

当然,并不是所有的爱情故事都会以这种方式展开,但假如她没有激活自己的上行网状激活系统,她永远不会注意到这个人。

许多关系融洽的夫妻都有一个共同特征:他们双方都很清楚自己想和什么样的人共度余生。

想想你身边跟伴侣关系融洽的朋友,问问他们,你就会发现,他们内心深知自己在寻找什么。当然,有些人非常幸运,偶然邂逅了他们的"另一半",一切都水到渠成。但根据我的经验，当你清楚自己在寻找什么时，找到对的人的可能性更大。

如果别人很难爱上我们怎么办?

很多人都经历过没有人对他们感兴趣的阶段——"我不讨人喜欢，没有人注意我"。这种感觉让人感到悲伤和空虚，自尊心下降。通常我们会把不引人注目的原因归结于外表。外表是很重要，在21世纪更是如此，但是除此之外，还有其他因素的影响。

本书不会教你吸引别人的技巧，不过可以帮助你了解为什么有些时候你对别人的吸引力不够强。我可以给你一些建议。

·分析一下你目前是否处于皮质醇中毒的状态。高水平的皮质醇会使人处于持续焦虑、易怒、悲伤或封闭的状态，身边的人都会躲开他，因为没有人愿意和一直处于高度警戒状态的人在一起，他会给身边的人制造紧张情绪。有时候，我们连自己都无法忍受自己，更何况其他人呢？如果你处于皮质醇中毒的状态，得努力寻找原因和解决办法，以便摆脱这种状态。除了有想要改变的意愿，你还必须寻求外界的帮助。

·提升你的催产素水平。你知道它是增进亲情、爱情和亲密关系的激素！如果你把自己变成了维他命人，就总会有人想认识你、多与你相处。爱情不一定会出现，但你一定会遇到让你的生活变得丰富多彩、让你的心情变得愉快的人。

·多微笑。这一点我们都知道。当我们与爱笑的人在一起时，我们的镜像神经元（对共情和情绪非常重要的细胞）会被激活。所以说微笑是会传染的，它让我们心情更好。当你不知道如何与一个陌生人建立关系时，请记住，微笑是开启对方心灵的钥匙。

·要有幽默感。这是比微笑高一个层次的要求，是一种面对生活的态度。有幽默感的人健康状况更好。我们在寻找长期伴侣时，会下意识地关注那些能够克服生活中的困难和挫折的人。我的一些"维他命患者"在跟我讲述他们的遭遇时，总是以乐观的态度诠释痛苦，从而避免被悲伤淹没。

·避免狂妄自大、一直谈论自己。大家都不喜欢跟以自我为中心的人相处，因为他们只会谈论自己，不愿花心思关心别人。我们都欣赏那些能认真倾听他人说话的人。

·努力与他人沟通。自信和沟通是提升个人魅力的关键因素。以积极的方式表达意见和看法，有助于在双方之间搭建一座桥梁。良好的对话有助于改善关系，并能鼓励我们继续与更多的人交往。（我经常在治疗中与患者一起探讨沟通的技巧。）

·让你身边的人生活愉快，保持一份好心情。大脑不仅记得你在某一时刻的经历，还记得你在那一刻的感受。换句话说，我们记住和回味的，更多的是我们在那个时刻的反应和感受，而不是当时的事件本身。

·了解自己的性格。我们的性格对情绪管理有重要影响。对自己的个性做一个总结，有助于分析自己在哪些方面有改进空间。

抗拒一段关系的原因

一段关系的开端不好，可能是我们的多种无意识因素造成的结果。

（1）怀着恐惧开始一段关系

害怕被抛弃，害怕对方不忠，害怕受伤害，害怕失望，害怕失败，害怕……当我们以这个前提开始一段关系时，我们是抱着完全不信任的心态面对对方的。我们进入了警戒状态——在介绍皮质醇的时候我们对这种状态已经很熟悉了，我们的思想、心灵和身体都无法享受这段关系。我们应该理清思路，告诉自己这是过去的创伤导致的不安全感在作怪，以免心灵被痛苦占据。

（2）从一开始就害怕承诺

有一种特别的恐惧，我要单独说明一下，那就是对承诺的恐惧，或者意识到关系要稳定下来时产生的恐惧。

❤ 索菲亚的故事 ❤

父母离婚对索菲亚造成了创伤。她在四个兄弟姐妹中排行老大,由于家里情况复杂,她负责照顾弟弟妹妹们。

她的父亲情绪不稳定,脾气暴躁,很难相处,而她的母亲总是顺从忍让。索菲亚从很小的时候就在他们之间进行调解,直到他们的关系再也无法维持下去,两人以分居告终。

当我见到她时,她正深陷于悲伤和忧郁之中。

"我再也受不了了,我无法忍受我的父母。我爱我的弟弟妹妹们,但现在他们在情感上对我过于依赖,学业压力也让我不堪重负。不过有一件事我很明确:我永远不会结婚。"

后来我一直不定期地对索菲亚进行心理辅导,直到她完成学业、开始工作。几年前,她又来到我的诊室,告诉我她遇到了一个很好的男人。他们已经约会几个月了,她告诉对方她不需要承诺或者确立严肃的关系。这不是因为她想和其他男人在一起,而是她害怕坠入爱河,害怕自己对对方的感觉会越来越强烈。她承认他是一个非常好的人,是上天给她的礼物。然而,她不知道该如何面对,她很难敞开心扉,告诉对方自己的感受。

索菲亚之所以抗拒他们之间的关系,实际上是因为她害怕做出承诺、害怕真实地去感受、害怕被爱冲昏头脑,她内在的声音不断向她灌输，说她不想要伴侣。然而另一方面，她又害怕有一天对方会对她感到厌倦并离开她。

我建议她带上那个男人一起参加下一次咨询。几周后，她和安东尼奥来到了我的诊室。他看上去很出色。我简洁委婉地向他解释，索菲亚因父母不和、离婚而遭受了很多痛苦，内心留下了创伤，所以她很难接受别人的感情，当感受到别人强烈的爱意时，她就会逃跑。在她的情感经历中，她总是付出、关心他人的一方，从来没有被无条件地关爱过，因此，她不知道如何回应安东尼奥的爱。

安东尼奥听得很认真，他很感谢我解开他的困惑。他告诉我，在与我交谈之前，他一直在犹豫是和索菲亚暂时分开，给她一些时间来理清自己的想法，还是继续像现在这样和她相处，等待她解开心结。

现在他们已经在一起两年了。索菲亚慢慢从伤痛中走了出来，她已经能够享受这段恋爱关系了，并且正在考虑与安东尼奥组建家庭。

（3）感觉自己不值得被爱

我听很多人说过"我不值得这样的爱"这种话。最初听到时我很惊讶，因为我相信每个人都值得拥有无条件的爱，值得得到幸福。但现实是，有时候人们会觉得自己不值得。

如果我们在一段关系的早期阶段传递出这种信号，就会处于一种紧绷的状态，因为这反映出我们内心巨大的不安全感。我们这是在惩罚自己，不允许自己享受发生在我们身上的美好的事情。

正如我们所见，许多人背负着很深的伤痛，不知道如何以健康的方式去爱和接受爱。那些令人痛苦的遗留问题可能搞砸一段关系，也可能得到解决。如果你觉察到自己是出于类似的原因抗拒一段关系，请分析一下症结所在，并尝试着逐渐接受别人的爱。

为什么我们会爱上不适合自己的人？

我们身边不乏这样的现象：疯狂地爱上别人却得不到回应，或者最终发现这段关系并不适合自己。勉强追求来的感情会让人疲惫不堪，让人感到巨大的悲伤和沮丧。那种感觉就像是走进了一个死胡同，你不知道该怎么办，觉得自己陷入了一个没有解决方案的循环。

❤ **帕特里夏的故事** ❤

我在前段时间收到了一封电子邮件，内容是这样的：

"我叫帕特里夏。这些年来我一直处于一段动荡的关系中。我们是在大学认识的，当时交往了一段时间，后来分手了，因为他去了英国。他在英国工作的那几年，每到圣诞节我们都会见面，我们之间的火花会再次点燃，我们会做爱，但他向我坦白说，他在伦敦有一个女伴。出于某种原因，我无法跟他断绝关系。我经常给他写信，尽管我知道他和'她'住在一起。以前我一直无法接受自己成为第三者，但不知为什么，在他这里我的原则被打破了。我已经按照这个剧本生活十年了，我觉得必须从这个怪圈中挣脱出来，但不知道该怎么做。你能帮帮我吗？"

我们都有可能会爱上错的人（和我们的金字塔不匹配的人），或者被一段错误的关系蒙蔽，而且意识不到它对我们产生的伤害。在以下几种情况下，我们的大脑可能无法冷静而理性地分析情况。

· 对方的某种优势过于突出，掩盖了其他的一切。比如他/她很有魅力、很有钱、很有趣，或者你们的性生活非常美妙，或者和他/她在一起时你感觉非常棒（当和他/她分开时你感觉糟透了）……对方的优势特征过于鲜明、强烈，导致你忽视了其他方面，无法从全局的角度审视这段关系。

· 刚从一段痛苦的关系中脱身没多久，就为了疗伤投入另一段关系中。在这种情况下,哪怕新恋情中只有微弱的爱意可言,只要能够帮助你忘记前尘,你就会投入其中。这种状态下你会忽略很多正常情况下会留意到的细节,从而难以发觉这段关系对你是不合适的。

·环境压力导致你无法客观地分析事情。原因可能有很多:孤独、同伴压力(你周围的人都有伴侣),甚至是无聊(这种情况下,交友软件发挥了关键作用)。这些因素可能促使你投入一段令你追悔莫及的关系,又不知道如何脱身。

·自尊心不足。有些人在感情中过于卑微,因为他们不敢面对对方,害怕失去对方。这种情况是一个人内在的声音和不安全感所致。坚持自己的立场并划出明确的界限在一开始是非常痛苦的,但之后会为我们带来积极的影响。

18

如何长久地维系一段关系

当一对伴侣开始情感的旅程,他们之间总会逐渐出现一些问题,这些问题可能让他们的关系更牢固,也可能恰恰相反,导致关系的破裂。如果我们感觉一段关系"看起来不错",那就有必要预先就某些问题与对方达成共识,以避免未来产生重大的矛盾。根据我的经验,主要有以下这些问题。

(1)子女

许多夫妻都因为这个问题产生过激烈的矛盾。这个问题不适合在第一次约会时就提出来,但如果你对此有明确的想法,随着关系逐渐稳定,你最好能及时告诉对方。

我听过的关于子女问题的争论实在太多了——"我告诉过你我只想要一个孩子""我从来都不想当母亲,我们刚认识的时候我就提醒过你""我不喜欢孩子"。我们一厢情愿地认为,随着时间的推移,对方会改变主意,有时候也的确如此,但并非总是这样。这些分歧会给双方都带来巨大的痛苦。

（2）忠诚

这似乎是伴侣关系中最基本的品德，但如今对许多人来说，爱情的规则已经发生了变化，忠诚不再是必选项。我认识的一些人能够接受开放式关系，允许对方在性的问题上"犯错"，甚至愿意交换伴侣。因此，我们有必要充分地了解对方，充分地沟通彼此对这个问题的看法。

还有一个问题要注意：每个人对不忠的定义不完全一样。对一些人来说，发生性关系才意味着不忠；对另一些人来说，在交友软件上和其他人聊天就是不忠；还有一些人认为，观看色情片和参加单身派对也是不忠。每个人心中都有自己的准则，我们必须坦诚地表达出来，这样彼此之间才不会产生误解。

（3）金钱

这又是一个容易在夫妻之间引起重大冲突的话题。许多夫妻因为经历重大的财务危机，或者在金钱支配上发生争执，最终分手。消费理念不一致也会导致争吵，对婚姻产生危害。

（4）姻亲

这个问题很关键。它不会在前几次约会中出现，但如果你有一个长期的伴侣或已经结婚，你就完全能明白我的意思。

与丈母娘、婆婆、姐夫、小姑子或嫂子等人在家庭聚会中或逢年过节时相见……是频频引发夫妻争执的导火索。正如我所说，这不是你刚开始约会时需要处理的问题，但是，如果你在一开始就注意到某些让你担忧的预兆，那你就要小心了。

我认识的一些人希望自己的父母密切参与夫妻两人的生活。如果你正在考虑确立一段关系，一定要想清楚你对这个问题的态度。

如果我爱上了别人怎么办？

吸引力既可能发生在生理层面，也可能发生在心理层面，被别人吸引有点类似于坠入爱河的感觉。只要适度，被别人吸引不一定会成为问题。但实际情况是，我们经常把吸引力、倾慕、舒适感与其他东西混淆，这可能导致误解或不忠。我听很多人说过这样的话："我们只是朋友，但有一天我们在酒后发生了关系，现在我不知道自己对他/她到底是什么感觉。""我和我丈夫的关系遇到了危机，我似乎喜欢上了一个一直跟我很合得来的同事，我对他的感觉不一样了。""我妻子不关心我、不陪我，她总是和孩子们待在一起。我在健身房遇到了一个女孩，她在意我，对我的一切都很感兴趣。"……这些话也许你听起来很熟悉，你认为这意味着某段关系的开始，然而事实未必如此。

激素、冲动和激情的确在爱情和性中发挥着一定作用，但只要我们愿意，大脑还是能够指引我们做出深思熟虑的决定。当然，有一些因素会削弱我们思考和推理的能力，比如激素（青春多么迷人啊）或酒精（抑制了前额叶皮质的活动）。在大多数不忠行为中，酒精通常不会缺席。饮酒会让我们失控，做出清醒时绝不会做的事情。

得到别人的喜爱和欣赏确实能使人振奋，坠入爱河也能激动人心。但是，毁掉一段缘分、欺骗我们爱恋且重视的人、过上逢场作戏的两面生活，这种滋味并不好受，而且这样做还会带来严重后果——身体和大脑会感受到内心的挣扎，进而导致生理或心理疾病。

❤ 克里斯蒂娜的故事 ❤

克里斯蒂娜在一家科技公司担任行政人员，已婚，有两个孩子，一个5岁，一个8岁。她似乎没有什么特别突出的心理问题，但她确实正在承受消化系统不适和严重的头痛。她的医生说，这可能是情绪因素造成的。某些无法处理的问题对她造成了压力，并逐渐导致躯体化症状。她的身体已经向她发出了警告。

在她第一次咨询后的几周内，她终于吐露了实情：她爱上了一个已婚男人，他们已经在一起两年了。

克里斯蒂娜不确定这是由于爱情还是一时的新鲜感，因为她的情人对她体贴入微，与她的丈夫截然不同。在生活中，很多时候大脑和内心的意见并不一致，你不得不做出非常艰难的决定。

我告诉她："在我看来，你必须理性、冷静地思考。如果你爱你的丈夫、想维持你的家庭，你就必须和那个男人分手。出轨会给你的身心带来不良影响。你的身体不会撒谎，你无法欺骗它，直面你的心声吧。"

内心的平静是无价之宝，它决定了我们的心态。当然，有时候我们也喜欢体验激情和刺激，但平静坦然的心境有助于激发出我们最好的一面。

克里斯蒂娜继续维持着两段关系。有一天，她差点被丈夫抓到把柄，痛苦不堪，最后因为焦虑症发作被送进了急诊室。这次经历使她开始重新审视自己的现状，并最终决定选择丈夫和孩子，切断另一段关系。这是一条艰难的道路，但沿着这条路她可以逐渐接近自己的目标。

形成良好的伴侣关系的必要条件

形成一段良好的伴侣关系有两个必要条件：吸引（包括身体上的和心理上的吸引）和倾慕。夫妻间的关系随着生活的动荡起伏会不断发展变化，而彼此间的吸引和倾慕是维系感情的万能胶。即使来自相似的生活环境和文化背景，夫妻两人各自的经历也会极大地影响他们的相处方式。也就是说，尽管一段关系一开始看起来很融洽和谐，之后也很可能出现一些分歧，它们将左右这段关系未来的走向。这些分歧有大有小，而正是小的分歧使双方的感情在日复一日的朝夕相处中被慢慢破坏。

厨房卫生的保持、整理房间的频率、日程的安排、处理人际关系的方式等等，这些琐碎的细节考验着夫妻关系的牢固程度。关系是不断发展变化的，夫妻双方也在各自成长。掌控内在的节奏很关键，有些看似婚姻中的危机，实际上却是个人成长和发展的机遇。以真诚和积极的态度面对这些时期，有助于我们把内心最美好的一面展现出来。

不论是纯粹简单的关系还是错综复杂的关系，都需要我们悉心呵护和维系。悲伤、争执、问题和危机都会出现，正因如此，浪漫的爱情才需要精心呵护。

伴侣关系分为三种：

·本身就运行良好的关系（没有不需要经营的关系，这里指的是双方很少发生冲突的简单的关系）。

·有问题的关系，经常令双方感到痛苦、难以维系。

·需要非常努力才能维系的关系，但只要双方都有意愿，就能继续维系。

每一对夫妻都需要彼此照顾——"无论发生什么，我都愿意好好照顾你"。我们前面已经讲到，沉醉爱河的阶段总会过去，一段关系的成功在于双方懂得如何化解冲突、学会让步和谅解、掌握与对方沟通的方法。每对伴侣都需要制定一些守则，以维持生活顺利进行。

这是一个令人兴奋的研究领域，市面上有许多关于经营伴侣关系的书籍和视频，有一些小贴士可以在你与伴侣关系紧张的时刻派上用场。浏览下列建议，你会发现自己是否在某个重要方面做得有所欠缺。

（1）沟通能力

改进你说话的方式、沟通的方式、表达感受的方式，避免"翻旧账"。感到不快的时候，大脑会突然涌现出对方对你造成过的创伤、伤害、冒犯和怠慢，这些不愉快的记忆会让你觉得必须向对方表达自己的痛苦和愤怒。

❤

仔细斟酌你说的话，它对对方、对你自己以及对你们关系的稳定性都有直接影响。

（2）敏感度

遇到事情你的反应是什么？你是那种心事很重的人吗？是不是只要别人对你有一点负面评价你就会很在意，别人给你甩脸子或者一件无足轻重的小事都会让你过分介怀？你应该正确判断发生在你身上的事情是否重要，这对你生活的方方面面都会有帮助。

（3）胡思乱想

我们担心的事情百分之九十都不会发生。这句话我说过好多遍。它们不是真实的，只是我们的想象，却对我们的身体有直接的影响——在《如何让好事发生在你身上》中我重点探讨过这个问题。"他/她肯定喜欢的是别人""他/她不在乎我""他不关心孩子们""他/她肯定会忘记我们的结婚纪念日""他/她不想和我在一起，他/她更喜欢和自己的朋友们在一起"……你可能曾经对自己说过类似的话，这些自我对话会对你造成深重的危害。

我常常这样建议患者：当他们感到自己状态良好、跟伴侣的关系也比较稳定时，不妨罗列出自己选择和对方继续在一起的所有理由。这份清单在关系的低谷期会成为心灵的一剂良药，帮助他们记起伴侣的优点，摆脱负面想法。

（4）细节

我们都知道，爱情靠细节的滋养才能发展成熟。我们有无数种表达爱意的方式。烹饪时花的小心思、几朵花、放在床头的纸条、一个表情符号、一次愉快的谈话、共度的安宁时光……都能滋养我们的关系。

一个不懂得表达感情的人可能很难维持一段关系。如果你发觉自己不擅长表达感情，请阅读相关资料或向你身边的人寻求帮助。你一定可以逐渐克服这个障碍。

可怕的分手

如果一段关系走到了尽头会怎么样？我们大脑中会发生什么变化？首先到来的是巨大的痛苦，这道伤口会令我们辗转反侧。然后很快，你会因为不甘心分开，想方设法地重新征服对方（例如诱惑对方）。如果这种方法不奏效，你就会因为迷恋对方而产生一种愤怒情绪。几周之后，你将不再抱有与伴侣复合的希望。在努力争取几个月（这段时间你始终会处于警戒状态）后，当你最终接受你不可能再与对方复合的事实时，你会陷入悲伤或麻木。

如果这个人在你的未来规划中占有一席之地，你梦想和他/她组建家庭、生儿育女、一起变老，那你或许会悲痛到无法自抑。曾经深爱过又失去过的人对此应该都深有体会。

"我们需要谈一谈。"我确信，只要听到这句话，我们体内的皮质醇水平就会飙升。

一连串正在全力运转的激素——多巴胺、血清素和催产素——之间的平衡被打破，后果很明显：人们无法停止思念已分手的恋人，会感到痛苦和惆怅，而如果他们过于悲痛，就会感到内疚，这是十分有害的。

多巴胺和伏隔核都与成瘾有关。再加上悲伤和痛苦导致的皮质醇水平飙升，会让我们陷入巨大的绝望。

爱是一个与成瘾过程非常相似的生物化学过程。当那个人从我们的生活中消失时，所有的东西都会让我们睹物思人、触景生情。解决办法是什么呢？我们必须与任何能让我们联想起对方的东西保持距离。就像酗酒者和吸毒者必须避免接触任何可能引诱他们复饮/复吸的事物。

远离任何会让你联想起前任的东西：删除他/她的联系方式，在社交媒体上取关他/她以及他/她最亲密的朋友，不要向你的朋友打听他/她的消息。因为当我们对某个人感兴趣时，我们就会化身为侦探和间谍，不得到关于对方的消息是不会罢休的。

定期运动也很有效，它能够降低你的皮质醇水平，减轻你头脑中的执着程度；向你的维他命人寻求帮助——这将增加你的催产素——让他们拥抱你，去感受被爱；尝试做一些能促进内啡肽分泌的活动。

♥

如果你不彻底与那个人切断联系，你的心灵和大脑都无法继续运行。

好消息是，我们终究会从分手的阴影中走出来。我们生来就是要去爱别人的，当我们被拒绝或被欺骗时，大脑和心灵会经历激素水平的急剧波动，但是随着时间的流逝，一切都会恢复正常。心灵依然会渴望再次去爱和被爱。

19

高敏感型人格者的情感世界

什么是高敏感型人格？

在从事心理咨询工作之后，我慢慢注意到，部分患者身上具有一些相同的心理特质——他们格外敏感，在感知方面比常人更加敏锐。

在研究这个现象时，我曾偶然间读到一些非常有趣的文章[①]，并留意到一位名为伊莱恩·阿伦（Elaine N. Aron）的心理学博士。她是研究高敏感人群的专家，在三十年前就创造了"高敏感人群"这个术语。

我曾帮助过许多高敏感型人格者更好地了解自己，接纳自己。在《如何让好事发生在你身上》这本书中，我用简短的篇幅

---

① lamenteesmaravillosa.com 网站有许多关于这个主题和其他心理学方面的文章，我从中汲取了很多灵感，在此推荐给大家。对于没有时间深入阅读书籍的人来说，这个网站可能会非常有用。

介绍了关于高敏感型人格的一些内容。我没想到会因此收到许多读者的致谢信。他们感谢我对"高敏感型人格"这个话题进行了解读，并对书中的观点深表认同。许多读者还希望我提供更多信息。因此在本书中，我决定用一个小节专门对这个主题进行更加深入的讨论。

伊莱恩·阿伦认为，高敏感人群在人口中的占比为15%—20%。其中，具有高敏感型人格的女性比男性更普遍。但毫无疑问，具有高敏感型人格特质的男性往往会引发更多关注，因为男性在情感上通常比较迟钝。

> 高敏感型人格者具有超出常人的感知外部刺激的能力，更能感知到正在发生的事情，并做出相应的情绪反应。

高敏感人群的心理特征

高敏感人群的主要特征有：

·善于察言观色。高敏感人群极易接收到噪声、味道、颜色、气味以及人们的言论、面部表情等刺激信号。实际上，一些研究表明，他们习惯用不同的方式处理感知到的刺激信号。

・感受更强烈。

・喜欢谈论自己的感受。这一点很重要,因为有些男性认为谈论自己的感受是一件令人尴尬的事情,且容易使自己被他人误解。

・由于接收了过多刺激信号而更容易感到疲倦和不知所措。

・善于反思大脑捕获的信息。

・处理难题和挑战时往往更加谨慎。

・能够明察秋毫,不放过任何蛛丝马迹。

・可能有强迫症倾向。

・对遭受批评和被他人拒绝更加敏感。

・有更强的共情能力。

・更容易感到沮丧。

・乐于助人。

・经常需要一些短暂的独处时间。

男性同样敏感

近年来,我对了解男性的情感世界和他们多愁善感的一面产生了越来越浓厚的兴趣。我想这和我是四个男孩的母亲有关。我希望更深入地了解男性性格中的敏感成分。

通过我熟识的几位男性,我对男性群体的高敏感特征有了更多了解。他们都认为自己高度敏感、善解人意并且富有创造力。

他们都是比较感性的人，喜欢古典音乐和艺术，并乐于表达自己的感受。例如，我父亲就是一个很敏感的人。虽然他不符合伊莱恩·阿伦对"高敏感人群"的定义，但他的确具有高敏感型人格的特质和表现。他颇有人情味，容易被感动。善于倾听是他作为一名医生的优势。这也从某种程度上解释了为什么我碰到敏感的男性时从不会感到奇怪。

长期以来，敏感一直被视为一个男人脆弱和软弱的标志。专制式的教育以及冷漠粗暴、只能接受孩子变得更坚强的父亲，不仅对孩子的成长起不到任何帮助，反而会压抑他们心中感性的一面。在传统的教育观念中，培养男孩的目标是增强他们的身体和心理素质，而感性则一直被认为是脆弱的标志，是属于女性的一种特质。

我曾为多位缺乏安全感、自卑、长期被负面情绪裹挟的成年患者进行心理治疗。他们出现上述症状的原因是对自身高度敏感的性格缺乏足够的了解和有效的管理。每个成年人身上都有着童年的烙印。每个不被父母接纳的孩子心中都有一道伤疤。当父母约束或压抑儿童或青少年的情感时，他们也在增加孩子成年后饱受不安全感、焦虑或抑郁折磨的概率。

我的建议是，从婴幼儿时期开始关注孩子的情感世界。帮助儿童学会管理自己的内心世界，能够为他们在未来建立起更有安全感、更加平衡的人格奠定基础。

❤ 拉米罗的故事 ❤

拉米罗时常闷闷不乐,容易对生活感到不满。他是一名企业法务律师,已婚,有两个孩子。第一次心理咨询过后,我发现,尽管他表面上看起来严肃而冷漠,但其实是一个非常敏感的人。

他告诉我,在他感到心力交瘁的日子里,他会回到家,用母亲留给他的钢琴弹奏一些曲子。

"每天的工作耗尽了我的力气,与人打交道也让我感到疲惫。我的工作竞争非常激烈。我不想成为事务所的合伙人,因为我的性格不适合,不过我的记忆力一直很好,而且我擅长处理法律事务。父亲希望我学习法律,但如果让我选择的话,我会选择艺术史专业。我是一个生活有条理的人,在和妻子租房住的时候,我就负责装修。当别人对我态度不好时,我会非常痛苦。不知道这是因为我自尊心太强、太缺乏安全感,还是因为我太纠结于细节了。"

我针对声音、灯光、外界刺激和情绪的感知力问了拉米罗一些问题。毫无疑问,他是一个高度敏感的人。我向他介绍高敏感人群的特征之后,他觉得如释重负,因为他一直认为自己是一个奇怪的人——不仅与其他人截然不同、与身边的朋友不太合拍,而且在工作中也很难与团队的其他成员产生共鸣。

对拉米罗的心理治疗旨在帮助他更好地了解自己的个性,处理扰乱他内心的压力因素,并改善他与妻子和周围人的关系。正如他所说,自从对自己有了更深入的了解,他感觉自己变强大了,不再那么脆弱了。他从他的敏感中获得了他需要的力量。许多高敏感型人格者具有强迫症和完美主义特征。把这些心理问题全部解决,有助于他们趋近内心的平衡。

高敏感型人格对人际关系的影响

如果你属于高敏感型人格,那么哪怕只是和伴侣发生一点小摩擦都可能让你内心饱受折磨。当你发现对方对某个事物的感受没有你那么强烈,或者他们不理解你的情绪、你的悲伤、你的沉默时,你会感到沮丧。当你需要伴侣认真倾听,却发现他没有完全与你共情时,你也会感到受伤。

如果一个高度敏感的人不知道如何排解敏感的情绪以及如何与他人进行良好的沟通,他可能更容易在人际关系中受伤。试着表达自己敏感的一面,并阅读这方面的书籍,或许会对处理人际关系有所帮助。在诊疗过程中,我经常会和高敏感人群的伴侣见面,跟他们解释高敏感人群和其他人的不同之处,以及他们的内心感受和行为方式。

我想说明一点:如果我们能够学会掌控内心的敏感,那么敏感就会成为一种天赋、一份赠予和一种优势。为了得到这种好处,你需要:

·明白其他人和自己的感知和感受能力不同。你不能要求其他人像你一样敏感和专注。你伴侣的感受没有你那么细腻。即使他能做到,可能也需要付出很大的努力。

·了解自己的大脑是如何处理外部的信息、刺激、情绪和痛苦的。

·明白自己有更强的共情能力,更愿意、更有能力帮助他人。

如果你发现自己或者身边某些亲近的人具有上述特质,那么,你可以这样做:

·用"高敏感人群"这个术语来定义自己或他人。据我所知,很多人在了解到自己的问题属于高敏感人群的共同特质之后,就会无比释怀。

·学会管理你的情绪,并试着找出让你感到不安的主要压力源。

·做一些有助于缓解敏感神经的小事,例如写作、散步、阅读名著、演奏乐器、缝纫、背诵诗歌、做按摩、亲近大自然、绘画、休息、做运动……

·给自己设限。"高敏感人群"很少给自己设定界限,这就是他们感到过于繁忙和疲惫的原因。超级的感受力会使高敏感人群奉献自己的全部身心,并承受更多的痛苦。学会说"不"可以帮助高敏感人群更加放松,避免陷入身心俱疲的境地。高敏感人群通常不知道如何调节自己的情绪,因此有时需要教会他们给自己设限。

有毒的人

♥

有的人走到哪里都能带来快乐,而有的人只有走了才能给人带来快乐。

——奥斯卡·王尔德

20
有毒的人令人皮质醇水平升高

我向来不喜欢"有毒的人"这个概念。有毒的人本身没有毒，但他们会对别人造成不良影响，使别人的皮质醇水平升高。他们一出现（甚至只要一想到他们）就会让我们不自在，会严重影响我们的状态，让我们失去理智、头脑发热、暴跳如雷，最重要的是让我们变得警戒。换句话说，当这种人在我们身边时，我们的交感神经系统会受到刺激，警戒系统会被激活，身体会开始分泌皮质醇。

人类是群居动物，而每个人对我们产生的影响是不同的。有些关系很适合我们，另外一些则不太适合。有些人能带给我们平静和快乐，而有些人则恰恰相反——会让我们感到疲惫、愤怒。尽可能选择和前一类人交往，与他们建立健康的关系，因为这样会对我们的心理健康和情绪稳定有很大帮助。

♥
································· ·································

一个人本身并没有毒，是他对你造成的不良影响有毒。

································· ·································

要知道，许多关系并不是从一开始就在对我们产生不利影响。一般来说，关系在刚开始时总是好的，但在后来的某个时刻，对方伤害了我们，以不恰当的方式评判了我们，拒绝或者羞辱了我们，我们就会对这个人产生一定程度的反感。类似事件的积累会对关系造成消耗，直到它不再对我们的生活产生任何积极的影响，甚至对我们产生负面的效应。比如，如果你觉察到他人的威胁，或感觉自己在团体中被孤立了——这可能只是你自己的主观感受，也可能现实就是如此——你的警戒状态就会被激活。我们可能身处人群之中却感到无法融入，感到不被关心、不被重视，进而产生一种孤独或被抛弃的感觉。

如果发现自己很难离开对我们有害的人，就会产生进一步的问题：我们好像对那些对自己有负面影响的人形成了依赖。

从另一方面来说，有时人必须诚实地面对自己：如果问题出在自己身上，就不能怪别人。有些人对别人的拒绝过度敏感，错误地认为自己周围的人是有毒的，而实际上，是他们的看法本身有问题。

下面，我会试着讨论所有可能存在的情况。你很可能不止一次在生活中遇到过这些情况。

这个板块分为三个部分：首先，分析我们的人际关系，看看是否存在有毒的关系，并学会尽可能地改善这种关系；接下来，我们要避免成为对他人有毒的人——会不会有人感觉我们在排斥他们？最后，为了取得更好的效果，我们要成为解决问题的人，而不是制造问题的人。我们应当努力成为周围人的维他命人。

我强调一下，这里所说的有毒的人是指导致别人体内的皮质醇水平升高的人。

有毒的人会让我们不舒服，使我们产生一种本能的抗拒。不管你承认与否，他们的存在确实改变了我们，让我们感到压抑、被束缚，仿佛失去了自由。有毒的人通常具有侵略性和攻击性，他们会入侵我们的空间，对我们的生活方式和观念妄加评判；还有一些人，他们的肢体语言、尖酸的评论和讽刺的话语会让我们感到不适。最后一种类型的人比较难分析，因为他们很狡猾，会出于某种未知的动机有意地向别人施加消极影响。不过，不论是哪种情况，与这样的人相处、交往，都会使我们感到疲惫、愤怒。

有毒的人如何对别人的身体和大脑产生影响？

正如我之前提到的，我们只要进入警戒状态几分钟，身体就会发生变化。当我们为某件事情担心、感觉受到威胁或被拒绝时，警戒系统就会被激活，身体会开始分泌肾上腺素和皮质醇，帮助我们应对或回避危机。

♥

当有毒的人在你身边时，你会变得警觉，身体会分泌皮质醇。

当这种有害的关系长期存在并且无法摆脱时，就会导致严重的生理上和心理上的后果。

这种充满创伤和痛苦的关系造成的大部分问题都存储在我们的大脑中。我们不仅在实际面对时会受影响，而且只要一想到要面对这种关系，身体就会受到影响。要想学会和这种人打交道，就需要分清哪些是事实，哪些只是我们的想象。

♥

大脑和身体不会区分现实和想象。

"婆婆"就是一个经典的例子。这个身份往往会让我们产生负面联想。我很幸运，我的婆婆人很好，但我也听说过有些婆婆非常不可理喻。我的一位患者已经结过三次婚，因此有过三个婆婆，她把她们定义成"自认为有权利对我的生活说三道四并且的确这么做了的女人"。过几年也许我也会成为别人的婆婆。我经常想，作为婆婆，我会怎么做。不得不承认，当我想象与四个儿媳妇的关系时，有时会情不自禁地笑出来。我希望我不会成为她们心中那个有毒的人！

识别有毒的人

好吧，让我们回到正题：有毒的人。你想到了谁？你脑海里可能已经有了答案。看到这里，我希望你分析一下，那个人能够影响你的原因有哪些：你必须频繁见他/她、跟他/她通电话或者处理那些讨厌的麻烦事？他/她经常给你发消息向你提要求？你总是无法控制地想到他/她，他/她在你的脑海中挥之不去（前任就是典型的例子）？或者即使你不经常见到他/她，但每次见面时，他/她都会让你感到紧张和不适？

跟有毒的人相处会让我们感觉不舒服。甚至在他们离开后，我们依然有一种烦躁、悲伤和空虚的感觉。和他们相处久了，我们的身体就会受伤害。

❤

在有毒的人身边，我们会感到不自在，静不下心，时刻处于紧张、警戒的状态，很容易感到精疲力竭。

在心理治疗中绘制人格图式的环节，我会让患者分析谁会让他们感到不安或者不舒服。

有时我们意识不到周围有人在干扰自己。我们的身体和大脑已经习惯了这些或大或小的侵犯，所以意识不到这种关系其实是有毒的。

❤ 法比奥拉的故事 ❤

法比奥拉伤心疲惫地来到我的诊室求助。她与丈夫博斯科结婚十年了，有两个孩子。

"在过去的两年里，他一直对我很不好，"她说，"他骂我，羞辱我，我做的一切他都不赞成，但有的时候他又让我觉得自己很特别，他说他不能没有我。我认为自己在某种程度上被虐待了，但我无法离开他。哪怕只是无足轻重的小事，仿佛只有得到他的认可，我才能感觉良好。其实冷静下来想一想，我知道我应该离开他，但我就是做不到。"

法比奥拉因为这段有毒的关系承受了巨大的痛苦，却对丈夫产生了病态的依赖。这种情况经常发生在家暴的案例中。

在心理咨询的最初阶段，经过交流之后，我帮法比奥拉分析了她所遭受的虐待以及她对丈夫的依赖程度。虽然她表示认同，但我很熟悉她的那种表情：她的内心正在挣扎。一方面，她很喜欢丈夫带给她的感觉；另一方面，她知道自己想要什么、应该做什么，但却无法放手。

我用几个月的时间陪伴她，细致地开导她，帮她看清事实，引导她无所畏惧地面对未来。通过详细分析博斯科软硬兼施的行为及其给她带来的感受，她终于承认他对自己造成了很深的伤害。

♥

治疗的关键在于认清现实。认识到这段关系对你的危害，才能真正摆脱它。

让我们思考一下接下来这个例子：你会在家庭聚餐中见到你的姐夫，你一直忍受不了他的为人。让我们想象一下：在你去之前，你的心情已经很差了；吃饭的时候你几乎不说话，脑子里充满了消极的念头；当你回到家时，你心力交瘁，感到忧伤或烦躁，甚至产生肠胃不适——感觉像是"吃坏了东西"。你的姐夫让你的身体产生了不良反应。

分析到这里，了解了身体和大脑中发生的变化，调控自己的情绪就变得更容易了。要记住，为了克服人生中的困难，必须经历这个过程。

👤	❤️	见面之前	见面期间	见面之后
姐夫	生理症状	X	X	肠胃不适
	心理症状	心情很差	产生消极念头	心力交瘁
前夫	生理症状	腹泻	颤抖	偏头痛
	心理症状	X	愤怒、失去控制	XX
母亲	生理症状	✓	胃痛	✓
	心理症状	预期性焦虑	注意力不集中	放松
兄弟	生理症状			
	心理症状			
老板	生理症状			
	心理症状			

| ✓✓ 控制得非常好 | ✓ 控制得较好 | = 控制得还可以 | X 不善于控制 | XX 控制得非常差 |

社会关系表

认识自己 → 理解自己 → 接受/改变现状 + 谅解

"对谁都有毒"和"对某个人有毒"

有些人的言行举止让许多人心烦意乱，我把他们称为"对谁都有毒的人"。我并不想这样形容，但它很符合我想表达的意思。

而"对某个人有毒"则是形容那些给你造成了困扰，但却不会对你周围的人带来类似不适感的人。举个例子，可能你的老板对你个人而言有毒，他让你感到困惑和不安，但团队中的其他人在他身边感到很舒服，与他相处得很好。

有些人因为他们复杂的行为方式对很多人造成了负面影响，但也有些人由于一些特殊的原因只对你造成了困扰。这种现象很有意思，我们需要进行分析才能尽可能恰当地应对局面。

下面我将描述一些典型的有毒的人的特征，以帮助你更好地认识你与他人的关系。

21
识别有毒的人

这不是一件简单的事。一个人不会因为一个特定的行为或者说了一句特定的话就成为有毒的人，但如果他的某个行为反复出现，或者对我们造成了极大的伤害，我们就要注意了。对极其敏感的人来说，单纯的日常摩擦和有害的关系之间的界限可能非常模糊。一般来说，审视自己并留意他人对我们造成的细微影响，能帮助我们分辨对方是否与我们合得来。了解自己、从错误中学习、时常分析自己的行为以及自己与他人交往的方式，都会对我们有帮助。

对谁都有毒的人具有一些共同特征，这些特征可以帮助我们识别他们，并避免自己变成他们那样的人。他们通常表现得自私、消极、嫉妒心强、有受害者心态、愤愤不平、爱指手画脚、爱批评别人、爱挑剔、善于操纵他人、过于依赖他人、夸大其词……下面我们分析一下其中一些人。

自私的人

我称这类人为"魔镜"。他们的生活始终围绕自己展开，总是离不开"我""我自己"和"我的"。他们只做自己想做的事。

自私的人总是想成为话题的中心。他们很难共情他人，很难设身处地地为他人着想，很难意识到周围的问题。他们不可能是好的倾听者，因为他们对别人的苦难不感兴趣。与一个自私自利的"魔镜"在一起生活会让人疲惫不堪，因为在内心深处，他们迫切希望时刻成为你关注的焦点，成为你日常生活中、餐桌上、见面时和话题中的主角。

消极的人

这类人喜欢抱怨。半杯水在他们眼中意味着一杯水空了一半。他们对所处的环境怀有一种夸张的、悲观的看法。他们的上行网状激活系统一直处于消极模式，自带灰暗的滤镜，阻止他们享受和感知生活中的美好事物。

他们对任何事情、任何人都感到愤怒，对你、对气温、对食物、对交通、对政府……总之，对整个世界都有意见。他们很难接受好消息，也不相信任何事情会进展顺利。如果你发现自己身边有这样的人，一定要离他远一点，和他保持距离，因为你可能会经常无故受到攻击，生活被扰乱。消极的人似乎会把自己的问题归咎于你。他们无法接受别人过得好，会被激怒，并把自己的坏情绪宣泄给别人。在这类人身边，你会感到不自在、不安和焦虑。

嫉妒心强的人

嫉妒心强是有毒的人的常见特征。别人过得好会让他们感到痛苦，因此，他们会用批评、贬低、蔑视、侮辱来应对。

这类人通常在不安全的环境中长大，并且想通过嫉妒来掩饰。正因如此，他们不会为别人取得的成就感到高兴。与他们相处时，我们往往会启动"防御"机制，不自觉地表现得更谦逊，隐藏自己的成功，以免引起对方的反感。

有受害者心态的人

这类人什么时候都有苦衷。在他们看来，他们的生活就像一部电视剧，而自己在发生的每一件事中都扮演着受害者的角色。正因如此，这类人会让别人都感到内疚，而且他们知道如何利用别人的内疚感：他们会滥用我们的时间和善意，千方百计地少付钱、占些好处，或者索要礼物。同时，特别令人反感的是，在我们真正需要他们的时候，他们总是帮不上忙。

他们习惯于把自己的挫折归咎于他人，从长远来看，这会伤害他人的自尊。

总是愤愤不平的人

愤愤不平的人会扑灭你内心的光芒。他们被悲伤环绕，只用几分钟就能把这种负面情绪传递给你，让你充满悲伤。这类人中有许多正处于抑郁中，或者受过严重的创伤，需要照顾与呵护。

愤愤不平的性格会使人陷入不断恶化的过程：他们缺少吸引力，所以变得孤立，然后身边的人会越来越少，最终会因此遭受巨大的心理折磨。

爱指手画脚的人

这类人总是对你的个人生活、伴侣关系、亲子教育、外表或者工作指指点点。无论你做什么，他们都觉得有义务对你发表意见，讲话无所顾忌，甚至有点缺乏教养。你会觉得这是一种攻击性行为，是一种直接的越界，很伤人。

你总是感觉受到了指责。这种情况经常发生在一个人与父母的关系中——子女已经长大、独立后，父母依然保持着"教育"后代的习惯。

我们每个人都有缺点，被纠正错误总是不太舒服的，即使对方这样做是出于爱。要在不伤害别人的前提下纠正他不是一件容易的事，需要运用技巧，谨慎处理。爱指手画脚的人会不断剖析、批评我们的行为。如果伴侣中的一方开始出现这种态度，一定要重视起来，因为当我们感觉自己被评判和审视时，警戒状态会被激活，不利于维持和谐的关系，也会阻碍我们放松和享受生活。

爱批评别人的人

我们都认识这类人——不管你是碰到他们、约他们见面还是和他们打电话，他们都会说别人的坏话。他们以一种"前辈"的身份介入别人的生活，不知疲倦地寻找别人的缺点和错误。

与爱批评别人的人在一起，我们的警戒系统会启动，皮质醇水平会升高，其他身体反应会给我们带来压力，令我们疲惫不堪。如果你有喜欢批评别人的倾向，那就要注意了！当你对自己的生活感到不满，产生不安全感或空虚感时，你很有可能会通过批评别人的方式来排解。

我经常说，批评别人的方式中，一种是内部批评，即在生活中与某人相识或相遇时，我们的大脑中会出现的声音；另外一种是外部批评，也就是我们会与他人分享的批评。内部批评对身体非常不利，因为我们与自己对话的方式会直接影响我们的健康。而外部批评的有害影响会加倍：它不仅会伤害我们自己，还会破坏沟通氛围和周围人的生理平衡。

有些人认为，通过分享负面的批评，你能与他人达成一致、建立某种连接——你们的对话中充满了愤怒、嫉妒或八卦，可能很有趣。但是要小心，有趣和有毒之间的界限非常模糊。

善于操纵他人的人

这类人可能是你的伴侣、父母、上司或朋友。他们往往记忆力惊人，总能把一些信息和数据牢记在心，以备在某些时候攻击你，或逼迫你做他们希望你做的事。

如果没有意识到自己所受到的操纵，你就不会真正受到影响；不过一旦意识到自己被操纵了，并因此联想到多个类似的场景，你就会产生被背叛的感觉，觉得自己渺小而脆弱，你的自尊心和自信心会受到很大的打击。

过于依赖他人的人

这类人觉得他们非常强烈地需要另一个人，以至于最终会奴役对方，剥夺对方的空间和自由。我们在这里探讨的不是那些出于客观原因不能自立的依赖者，而是那些通过病态的行为控制局面的人。

他们控制你所做的一切，始终企图成为你生活的一部分，并且无法忍受你有自己的生活。这会让你不堪重负，使你产生强烈的被困住的感觉。他们会毫不犹豫地采用情感勒索的方式来阻止你摆脱他们。认识到这一点将有助于你以健康的方式应对这种人。

"总是给你的生活加戏"的人

几年前，我在一个比利时的电视频道上看到过一个精彩的广告①：在一个平静的村庄里，广场中央安装了一个按钮，上面写着"按一下，有好戏可看"。有人按下它时，各种戏剧性的事情就会立即上演。几分钟后，小镇的生活又会恢复往常的平静。有时候，我会在治疗中引用这个广告，向我的病人解释什么是"总是给你的生活加戏"的人——他们总是寻求冲突，如果没有冲突那就制造冲突，并最终在冲突中得到乐趣。他们好像在某种程度上沉迷于戏剧性甚至悲剧性的情境。与这样的人生活在一起，就像

---

① 如果你想看这个广告，这是链接：https://www.youtube.com/watch？v=vzoFXZ5pT1w&feature=emb_logo&ab_channel=RoughCharms。

在雷区里散步。

他们可能患有边缘型人格障碍、表演型人格障碍，可能会因为患有焦虑症而变得有攻击性。这类人一直生活在警戒状态中，因此脾气火暴，经常生气。他们对挫折的承受力很低，总是不断找别人的麻烦——不管是真实的还是编造出来的麻烦。在他们看来，任何问题都是别人的错。如果你遇到过这样的人，你就会完全明白我的意思。

他们很擅长在几秒钟内破坏周围世界的安宁。他们会破坏家庭内部的平衡，经常挑起家庭成员之间大大小小的争端。

♥

他们会寻找一切机会来挑起矛盾，引发冲突或争吵。

在治疗的最初几次谈话中，我会问我的患者关于冲突的问题。你是一个喜欢冲突的人吗？你会回避冲突吗？还是会制造冲突？

这个问题非常重要。在司法案件、投诉和工作冲突中经常有这样一种人的身影。他们有时被称为高冲突型人格者，其中许多人都患有边缘型人格障碍[1]。

---

[1] 边缘型人格障碍会使患者本人和他周围的人都饱受折磨。患有边缘型人格障碍的人的行为和思维模式对他人有害，他们的人际关系往往很复杂。

边缘型人格障碍

❤ 特蕾莎的故事 ❤

特蕾莎今年24岁,她的母亲陪她前来就诊,因为母亲几天前发现女儿的手腕上有伤口。特蕾莎告诉母亲,当她感到非常痛苦时,会通过自残来排解。

她的母亲说:"特蕾莎的情绪非常不稳定,几分钟前她还是世界上最爱你的人,几分钟后她就会变脸,对你大喊大叫,辱骂你。你永远不知道她会产生什么情绪。她已经换了两次专业,因为她说还没有找到属于她的位置。她跟她的朋友们有很多摩擦,曾经谈过的两次恋爱都像是闹剧。我和我丈夫不知道怎样才能帮助她。作为父母,我们在观念上也有分歧。"

"我不开心,"特蕾莎解释说,"我不知道我怎么了,有时候我感到悲伤、焦虑。我酗酒,想要尝试毒品,但我害怕上瘾,不敢吸。虽然不好意思承认,但是坦白说,我让我的前任们苦不堪言,我和他们之间都发生过很多糟糕透顶的事。我不知道如何控制自己,有时我觉得自己很脆弱,有时我的表达欲又过于强烈。我知道我需要帮助。"

特蕾莎患有边缘型人格障碍。这类患者的情绪和生活都在边缘徘徊，他们很容易走向极端。他们的生活和他们对事物的看法非黑即白，没有灰色的过渡区域。

他们的症状可能有：

·情绪不稳定。

·情绪管理能力差。

·难以控制冲动。

·可以在短时间内对在乎的人由爱转恨。

·会先很夸张地赞美你，然后又羞辱和排斥你。

·怒气冲冲。

·与他人充满矛盾，严重缺乏维护人际关系的能力。

·寻求体验各种情感，渴望强烈的感官体验。

·有自残行为。

·共情能力差。

·感到空虚。

从神经生物学的角度来看，边缘型人格障碍患者负责情绪管理的神经回路中存在一系列紊乱：一方面，大脑的杏仁核会突然被迅速激活；另一方面，前额叶皮质被抑制了。他们中有许多人都在童年有创伤性的经历，遭受过伤害、虐待和排斥。

如果你发现自己有上述症状，你就会明白，这是一种非常痛苦的状态，而且很难寻求帮助。不过，患者一旦努力迈出了这一步并得到了专业人士的指导，问题就好解决多了，他们与亲近之人的关系也会得到极大的改善。

如果你被诊断为边缘型人格障碍，相信你在许多场合都会感觉不被理解。如果坐在治疗师面前，却意识到他们无法与你共情，或者无法感知到你的痛苦，你会在情感上无比空虚。

多年来，我在治疗中陪伴了许多患有边缘型人格障碍的人，我知道要帮助他们走出痛苦的循环是多么困难。找对方法、临界点和压力源可以解决许多危机。使用药物治疗配合良好的心理治疗，另外用爱和热情教会他们情绪管理，就可以缓解他们的症状。

如果你的家人患有这类疾病，或者你和有上述特征的人一起生活，我有一些建议，能帮助你以最佳的方式应对他们。

· 你要做的第一件事就是照顾好自己。边缘型人格障碍患者渴望成为关注的焦点，因此他们几乎每时每刻都在关注自己的状态。你需要有自己的时间来寻找平静和安宁。

· 理解这种边缘行为的背后是巨大的痛苦，患者通过具有攻击性的行为来发泄痛苦，因此背负着深深的挫败感。这有助于我们理解许多场景下人们的反应：大到在战争中、政界斡旋中，小到你的上司或伴侣感到不顺心时，人们常常会因为感到受挫而做出有攻击性的反应。

- 他们说些什么、怒吼或辱骂，都是在受挫时产生的相应的反应。很多时候，他们的负面言行并没有经过深思熟虑，那只是他们表达挫败感的一种方式。

- 与他们沟通令人费解、困惑。他们所说的话和我们理解的大不相同。遇到危机时，最好避免争吵，因为争吵会让双方都非常痛苦、混乱。在安宁平静的时刻，尽量说积极、热情的话。得到别人的聆听和理解会让他感觉更好，要避免下最后通牒或威胁式的沟通方式。①

- 在家里，必须就规则和界限达成共识。要知道如何与共同生活的人达成一致，以此减少这段关系对我们的损害。

- 向专业人士寻求支持。如果患有边缘型人格障碍的人是你亲近的人，比如子女、伴侣或兄弟姐妹，你需要知道这是可以治疗的，而且已经有了很多相关的研究著作。我们也有药物治疗的方式，至少可以帮助患者减少这种行为。还有，尽可能鼓励你的家人接受治疗，参加支持小组或对他们有帮助的讨论会。不要拒绝这些资源，它们是化解患者痛苦的关键。

♥

边缘型人格障碍患者会引起冲突，是因为他们自己就一直生活在冲突中。

---

① 这种沟通模式是对边缘型人格障碍患者及其家人进行的许多心理治疗的基础。要在一本书中总结出所有内容并不容易，但如果你身边的人有相关症状，要理解他们，无论是多么浅显的理解，都能使你更快地解决问题。

22
学会对付有毒的人

这不是件简单的事。经常与有毒的人打交道是很累人的，关系处理不好可能会导致身体和心理疾病。解决方案不是单一的，我们要在每个具体案例中，根据具体情况和不同的关系类型，优先考虑或着重使用其中的一个或几个方案。

实用的工具

（1）谨慎行事

有些人由于自身的性格特点，可能会利用他们对你的了解，在某个时刻以这样或那样的方式对你造成伤害。

你在社交网络上发布言论和信息时要小心，因为有些人会拿着放大镜仔细阅读每一个字，从中窥视你的生活。

（2）避免与他们打交道

远离那些让你心烦的人。与他们保持距离，为自己做一些思想建设，从而以强大的内心来更好地应对他们。

如果这种人就在和你息息相关的圈子（比如家庭或工作的圈子）里，以至于你不得不与他们打交道，那就尽量在与他们相处之前做好准备。只要准备得当，就能在与他们互动的过程中少受伤害。这不是一种自私的做法，也不是软弱或懦弱的表现，而是一种自我保护。总之，尽量与他们保持距离。

（3）不要在意他们的意见

前面已经提到，这些人之所以有毒，很多时候是因为他们总是不怀好意地对你的生活指手画脚，让你疲惫不堪。如果你能做到忽视他们，就能免受他们的言行带来的影响。

不要把他们说的话与他们说话的方式放在心上。学会使用"心理雨衣"[①]，学会对他人的评论和眼神免疫。始终提醒自己，那些对你造成伤害的话语正是来自你需要提防的人。

（4）不要给他们左右你健康的权力

既然你已经知道有毒的人会对你的身心造成的影响，你还想被他们干扰吗？你知道吗？如果你放任有毒的人对你施加影响，你的身体会产生一系列非常糟糕的生理反应：皮质醇水平会升

[①] 这是我向患者以及我身边的人推荐的方法，这件"雨衣"可以保护你免受冲突和人身攻击的伤害，从而避免生活中的许多痛苦。

高,还会产生炎症。

如果你能觉察到"有毒"的人对你的影响,就会更清楚地意识到后果的严重性,从而更有动力解决这个问题。

(5)学会适应

出于我们无法理解的原因,有些人会挡住我们的路。我们没有办法总是避开他们。如果你遇到了这种情况,可以进行一个适应性练习。首先搞清楚这个人是"对谁都有毒"还是"对某个人有毒"。

找出这个人给你带来的困扰的根源,搞清楚为什么他让你如此不安。当你看到这个人时,你有什么感觉,会感到不自信吗?你有没有发觉他在评判你?你感到愤怒或恐惧吗?试着做你自己的治疗师,在一定程度上做出自我诊断。

(6)理解他们的行为方式

同样,理解意味着释怀。如果你试着了解那些人行为背后的原因、他们的问题和困难,你就会更理解他们为什么会这样对待你,你的皮质醇的分泌就会得到一定的抑制。你面前这个人有过什么经历,有什么样的故事?他害羞吗?还是缺乏安全感?他有自尊心的问题吗?没有人教过他如何去爱吗?他有攻击性吗?你是他发泄情绪的途径吗?他羡慕你吗?他只用这种方式对待你一个人吗?总之,当你了解了这个人,就会感到释怀。无论这个有毒的人是你的母亲、老板、前夫还是子女,有时你必须停下来分析他的情况：他正在经历人生中什么样的关键阶段？

为了让自己更好受，你必须了解他的经历，必须倾听、理解、探究、询问……即便这些正是我们不愿意对这种人做的事。

（7）真心相待

对伤害你的人真心相待是多么困难啊！我不是说放任他们打压或利用你。我的意思是，不要对别人要求过于苛刻。否则，对方的冷漠和你由此产生的愤怒会对你造成影响，成为掌控你的毒药。

如果你觉得理解对方的动机与行为能改善你的情绪，那就尽量多去尝试。这样做也会让你在个人成长方面获得很大进步。如果你发现当你对他们真心相待时，他们反而变本加厉地苛待你，那么请远离他们，保护好自己。靠近这样的人对你来说没有好处。

（8）宽恕

宽恕是一种爱的行为，像是回到过去，归来时内心会变得平静。宽恕很难，却非常重要！这不是一件容易做到的事，需要成熟的心智、时间的沉淀和谦逊的心态。这是一段缓慢、循序渐进的内心净化和解放的旅程。如果一个人不懂宽恕，就会一直被困在过去，变得怨天尤人，失去爱的能力。

没有人能在对周围的人怀恨在心的同时感到幸福，因为憎恨是一种毒药，会使身体中毒。有时宽恕意味着与伤害你的人保持距离，而不是做到"我看到你时内心波澜不惊"——这几乎是不可能做到的，是乌托邦式的理想。宽恕应该是"我知道我必须与这个人保持距离，这样我才能更加理性，才能在我看到或想到这个人时，不受到过深的影响"。

❤ 尼古拉斯和索莱的故事 ❤

索莱两年前和丈夫尼古拉斯离婚，她有两个孩子，分别是5岁和3岁。尼古拉斯长期以来对她进行精神打压，但她很难下定决心与他分开，最终在父母和朋友的帮助下，她才迈出这一步。从那时起，她的生活就变成了一种磨难。索莱在经济上依赖尼古拉斯，尼古拉斯会不定期地给她寄钱。他对孩子们的控制欲很强，并无情地评判和指责索莱作为一个母亲所做的一切。

"我知道离婚会带来创伤，"她坦白说，"但我从未想过我会遭受这样的痛苦。只要一收到他的信息，我就会心动过速。几个月来，我一直胃部不适，反酸，持续腹泻，喉咙肿痛。"

我让她做了必要的检查，然后将她介绍给一位值得信赖的胃肠道医生。确认她没有什么大碍后，我们开始了心理治疗。尼古拉斯对她来说是有毒的人。我们绘制了她的人格图式，发现与他有关的一切都会让她进入一种高度紧张的状态。

索莱承认，负面想法已经压倒了她。

"当我做别的事情时，我也忍不住会想，如果我带孩子们这样做或那样做，他会如何批评我。我有一种不断被评判的感觉。我的生活就在等待他的批评和评价中度过。"

在这种情况下，首先要做的是找到问题所在。要了解皮质醇、警戒系统以及强烈的躯体化症状。尽管他们离婚了，但尼古拉斯还在毒害着索莱。对她来说什么时候是最脆弱的时刻？她承认，在她无法入睡的夜晚、在她手头拮据的月份、在尼古拉斯把孩子带走的周末，她的情况会更糟。我们要以一种非常精确的方式来应对这些时刻，这样它们造成的影响就不会那么大了。

压力因素

> 有毒的人对他人造成的巨大恐惧来自他们评判他人的方式和他们带给他人的感觉。

我经常让患者在他们的笔记本上写下积极的信息。索莱在笔记本上写道:"如果我很坚强,与尼古拉斯有关的一切就不会对我产生那么大的影响。反过来,如果我很脆弱——不管是因为经济条件差、健康状况欠佳还是因为我的孩子这几天比较不听话,或者因为我最近工作繁忙——那么他就会对我产生三倍的伤害。"

然后我们进行下一步探索:为什么前夫会对她产生如此大的影响?是因为前夫认为她软弱,还是因为她想要比前夫更强大?是因为她不想在经济、心理和情感上依赖他,还是因为他已经习惯了出口伤人,打击她的自尊心?

有时候,对这些有毒的人,我们有一种潜在的情感依赖。不是因为我们爱他们,而是因为我们只有与他们保持良好的关系才能维持社会层面以及家庭、个人、经济等方面的稳定。

索莱正在一点一点地进步。她正在学习克服脆弱,管理压力,正在努力变得更自信,让自己能从容地与前夫沟通。令人欣喜的是,随着她精神状态的改善,她的消化系统疾病也得到了缓解。

一个拥抱和一个计划

最后，我有两个小贴士可以助你摆脱你周围的有毒的人。我试图不断在本章中传达一个积极的信息。了解我的人都知道，我是拥抱的忠实倡导者，这点我已经在关于催产素的章节中提到过。

拥抱是一种非常强大的武器。要通过拥抱表达爱意，向喜欢的人释放催产素，与有毒的人和解。但我们不要忘记，有毒的人中有很高比例（我认为几乎有90%）的人是缺爱的，他们在情感上受过严重的创伤。

♥

你向一个有毒的人传递的爱越多，你就越能消解他对你的影响力。

此外，你可以选择送给他们一本书，邀请他们参加一次研讨会，让他们与你一起参与一次活动，比如钓鱼、跑步、唱歌。通过活动破冰比从谈话开始要容易很多。许多人，特别是男性，会认为开门见山的严肃谈话是一种侵犯。而你们共同参与了一个活动，彼此就会产生一种联系。当这扇门被打开后，展开交谈就会容易得多，从而帮助双方走出恶性循环。

如果你是那个有毒的人呢?

我还记得许多年前我在马德里做的第一次讲座,那是在一所大学的礼堂里。我讲到了与有毒的人相关的一些问题。在提问环节,一个女孩站起来说:"大家都说我是个有毒的人,你对我有什么建议吗?"

我大吃一惊,以前从未有人问过我这样的问题,更别说还是在这么多人面前了。这个问题不太好回答。

我们都不希望成为有毒的人。只要一想到我们可能对别人有毒,我们就会感到难过。然而有时我们不得不面对这样的局面:别人(委婉地或率直地)向我们表达,或者我们自己意识到,我们的存在或行为对别人造成了困扰。

♥

要想和别人和睦相处,你得先和自己和睦相处。

如果你能心平气和地与自己相处,那么你大多不会成为对别人有毒的人。分析一下你与伴侣的关系,或者你和你的几任伴侣的关系(如果你有这种情况的话),想想为什么你最后总是选择和不适合你的人在一起,在关系中遭受如此多的痛苦。尽量与你的孩子、父母、朋友和同事保持更加密切的关系。

如果你认为每个人都对你有意见,那么或许你才是在你周围环境中放毒的人。如果你消极地看待一切,那么如果你把你的问题归咎于其他人,如果你一有机会就挑起事端,那么你的行为可能已经困扰到别人了。

你不是有毒的人,我已经说过,我不喜欢这样的概念。你是一个使你周围的人皮质醇水平飙升的人。也许你可以通过努力控制自己的言行来降低对别人的伤害。

❤ 伊莎贝尔的故事 ❤

伊莎贝尔是四个孩子的母亲。她需要有人来帮助她管教19岁和17岁的那两个孩子。

她说:"他们不尊重我,不在意我,不听我的话,不守规矩。"

有一天,我把她的丈夫约来商讨,他证实了伊莎贝尔的话,但补充说:"我妻子控制欲很强。她对孩子们管教太严了。我认为这引起了他们的逆反心理。"

当我见到伊莎贝尔的大儿子时,他对我讲了家里的情况。

"我妈妈让人无法忍受。我和我妹妹都受不了她。她经常数落我们,批评我们,不给我们自由的空间,让我们很有压力。她是个完美主义者,和她在一起我们都要崩溃了。"

控制欲强的父母可能会担心,如果他们不牢牢掌控孩子的一举一动,孩子的生活中可能会发生一些不好的事情。这就是为什么他们从孩子小时候起就对他们采取完美主义的和强迫症式的养育方式。如果父母一开始就凌驾于孩子之上,控制欲极强,那么当孩子成年后,父母可能不知道如何切断风筝的线,会试图通过各种各样的借口来掌控子女生活的方方面面。

这件事有点棘手,因为在某种程度上我不得不向伊莎贝尔解释她的行为对她的孩子和丈夫是有毒的。我们开始一起研究她的控制欲和完美主义个性,以便让她更好地与家人沟通。

如果有毒的人就在你身边呢?

如果有毒的人和你同在一个屋檐下,或者你每天都要频繁地和他们打交道,这种情况就更难处理了,因为你很难和他们保持距离。分析有毒的行为产生的原因,是帮助我们不失去与有毒的人共同生活的信心的关键。首先要理解有毒行为背后的深层原因。例如,可能跟孩子的年龄有关——处于青春期的孩子容易在家为所欲为;可能是因为你的丈夫——他疏远你,总是心事重重；可能是因为你的妻子——她把全部精力都放在孩子身上，忽视了你；可能是因为你的母亲——她掌控欲强，事无巨细，什么都要干涉；可能是因为你的父亲——他对家人的态度冷漠粗暴，从不关心你的感受……以及家庭中可能存在的其他无数种原因。

非常让人痛苦的一个问题是，你感觉不到父母对你的爱和尊重。我们来详细说说这个问题。

父母造成的创伤背后的原因是什么？

如果你从未有过这种经历，那么你很幸运。如果你曾有过类似下面描述的感觉，你会明白那是怎样一种令人疲惫、悲伤和沮丧的状况。

父母造成的创伤可能是身体上的，也可能是精神上的。精神上的创伤是通过恐吓、强制、威胁、操纵、攻击、侮辱或贬低等方式造成的。孩子在童年时期遭受父母的精神虐待，如果不加以制止和治疗，创伤很有可能会延续下去，形成慢性病。我们往往认为，等孩子长大了，对他们造成的伤害就会消失，然而，很多时候情况并非如此。当创伤遗留到成年时期，就会变成"无声的痛苦"。虽然长大后的孩子非常清楚自己的痛苦，也能感受到因此造成的损害，但他们通常不会向任何人倾诉。他们羞于说出口，有时他们甚至无法描述自己内心的感受。身体是一个容器，它储存着关于我们的真相，承载着我们的历史，并以某种方式确保我们能够维持过往的经历、情绪和健康之间的平衡。它会通过一些症状来提醒我们有些东西不太对劲。要找到症结所在并不是一件容易的事，有时需要非凡的毅力——因为揭开和疗愈如此久远的情感创伤需要很大的勇气。不过一旦你成功做到了，那种胜利的感觉将是很美妙的。

♥ 西尔维娅的故事 ♥

西尔维娅对我说，她多年来一直因为偏头痛、肠易激综合征和过敏症四处求医。她在一家营销公司担任要职，同事们都很认可她的能力。她已经结婚三年了，有一个年幼的孩子。

我让她讲讲她的家庭情况。她父母在西班牙南部的一个城市做家电生意。她是三个孩子中的老大，有两个弟弟。

她告诉我："我的母亲个性很强势，对任何事情都要发表自己的意见。在我很小的时候，她就对我有很大的影响。我父亲心胸宽广，但在家里还是我母亲说了算。她比较冷漠，不太擅长表达爱意，很少说'我爱你'，我表现得好她也不会表扬我。她对我两个弟弟的态度跟对我不一样。她对他们很亲近,对我却很苛刻。她对自己和对我的要求都很高。每当她来到我家时,都会对我家的卫生情况、家居陈列方式和我教育儿子的方式发表意见。最让我担忧的是她干涉我丈夫的生活。我的母亲已经成为我婚姻中的一个不安定因素。我丈夫是电工,父母一直希望我丈夫能和他们一起工作,但我不愿意,因为我担心这会破坏大家的关系。我知道我丈夫可以对他们大有帮助,但我不想让我母亲控制他或者支配他的收入。"

前面我们已经讨论过父母对孩子成年后的行为的影响。

遗憾的是,人们常常将童年时期有毒的亲子关系视为正常,认为每个家庭都是那样过来的。

我记得有一天,一位年轻的女士来帮助我照顾孩子。她对孩子们说话非常严厉,这让我很吃惊,而且她说我对孩子们太温柔了。于是我问她,她的父母是如何对待她的。

"他们经常打我,但这是我活该,因为我不听话。我经常受到惩罚,不过他们惩罚我是为了我好,是我做错了。"

她真诚的剖白让我感到震惊。她今年23岁,几个月前交了男朋友,刚刚完成大学学业,却将父母的虐待行为视为正常。

我还询问了关于她内在的声音的情况。

"你对自己好吗?"

她回答说:"我一直很自卑,觉得自己挺没用的,经常自责。我觉得我是那种会招来霉运的人。"

我没有见证过她的童年,但我确信在她的童年时期,她的"留声机"收集了别人对她的负面评价和想法,而且这些声音现在仍然在对她造成伤害。

当一个人被有毒的父母伤害后,他的内心会在爱、服从、责任、愤怒、挫折、依赖和憎恨之间摇摆和挣扎。

在这种情况下该怎么做?首先,最重要的是让他意识到他与父母的关系是有毒的。其次,有必要了解他是如何度过童年的,过去的经历给他现在的生活带来了什么样的影响:是过度依赖、充满恐惧、总想被认可,还是具有极强的掌控欲?

改变有毒的亲子关系很难。一方面,必要的时候,你必须与父母交谈,巧妙地让他们意识到问题所在。这并不容易,很可能会引发家庭冲突,但如果子女和父母都足够成熟冷静,开诚布公的交谈会抚平很大一部分创伤。另一个更简单却同样有效的方法是,尽量避开家人或减少与他们的来往。根据我的经验,保持距离是一个很好的抚平创伤的方法。

每个人都怀着对父母的爱的需求或本能。有时我们很难承认自己与他们的关系不好,特别是当我们注意到父母正在慢慢变老时。

听成年后的子女描述与父母相处带来的痛苦,会让人感慨万千。他们的内心非常挣扎:一方面渴望切断与父母的所有联系,另一方面又明白,无论父亲、母亲或他们二人如何伤害自己,抛弃他们都是不对的。治疗的过程会非常复杂,因为表达这种情感时会产生强烈的痛苦。我们不愿承认,我们从小到大最主要的依恋和亲情对象已经成为一种心理负担。我说的不是身体上的依赖,而是心理上的损耗。治疗的第一步是帮助患者了解问题所在,向他们解释,由于他们与父母的关系,他们的身体和头脑是如何在紧张的状态下运转的。

如果有时候与父母走得太近让你感到慌张或不适,努力分析一下你为什么会有这样的反应。你的身体发生了什么变化?你的警戒状态被激活了吗?你产生了哪些症状?

如果产生种种不适,我建议你寻求帮助,要不然这种状态会对你造成很大的内耗,打击你的自尊心和自信心。

情绪之箭对你有帮助

我想在这里分享一种观点:当你身心俱疲、不堪重负或身患疾病时,你对有毒的人的容忍度就会大大降低。

我把下方的图称为"情绪之箭",我会用这个图对我的患者甚至对我自己的状态进行评级。你越是疲惫、不安、悲伤、沮丧或身体不适,有毒的人对你的影响就越大。你可以自测一下。

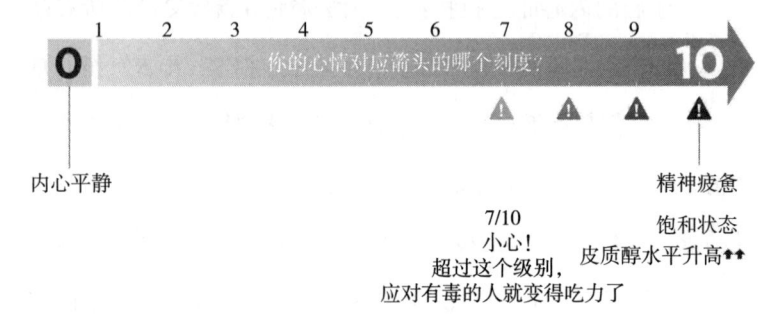

```
0  1  2  3  4  5  6  7  8  9  10
         你的心情对应箭头的哪个刻度?
```

内心平静

7/10
小心!
超过这个级别,
应对有毒的人就变得吃力了

精神疲惫
饱和状态
皮质醇水平升高↑↑

情绪之箭

如果10级是最高等级,而你已经达到了7级,那你很有可能会出现消化不良或者其他症状。分析自己在平静松弛的状态下的感受,这有助于你在发现自己进入紧张状态时更好地管理自己的情绪,保护自己。如果你睡眠质量很好,刚休假归来,涨了工资,心情愉快,那么见到对你来说有毒的人就不会对你产生那么大的影响,你对这个人的免疫力也会强一些;相反,如果你正处在生活中的低谷期,你睡不好,孩子不听话,被扣了工资,心情不好,或者刚和别人发生过争吵,那么有毒的人对你的影响会大得多。如果你的情绪之箭表明你正处于紧张状态,那就尽量避免在这种状态下与有毒的人见面,或者把会面推迟。有毒的人很容易惹怒你,造成难以解决的危机。

如果会对你造成伤害的是你身边的人，比如孩子、父母、岳父、婆婆等你会经常见到的人，那么你必须弄清楚自己的感受，知道在你见到他们的那天，你的情绪之箭处在哪个级别。如果这个人是你的父亲，而且你已经说好要去看他，那就在前一天做好心理准备。当你们在一起的时候，穿上你的心理"雨衣"是非常有用的，它可以保护你，让你免受别人言语的伤害，让你抽离出来，从更宏观的视角感知发生在你身上的事情。你仿佛变得刀枪不入，别人的话语无法对你造成伤害。你会以旁观者而不是当事人的视角去感知那些放在平时一定会激怒你的言论。你不可能总是逃避痛苦，有时在生活中你必须学会如何承受痛苦。

❤ 茱莉娅的故事 ❤

茱莉娅今年34岁，结婚两年，有一个2岁大的孩子。她承认自己很焦虑，没有安全感，经常产生弥漫性恐惧[1]。她一直对自己与父母的关系感到担忧。他们兄弟姐妹三人中，最年长的是50岁，其次是48岁，她最小。她父亲80岁，母亲79岁。我请她谈了谈她的童年。

---

[1] 指没有具体原因的身体上、心理上的应激反应，会让人有比较强的主观痛苦感，影响人的正常生活。——编者注

"我记不太清楚了,就好像记忆缺失①了一样。我很难集中注意力去回忆某件具体的事情。"她告诉我,她的父亲工作非常繁忙,每年都要出差几个月。在她的印象中,他是一个缺席的父亲,总是谈论工作上的事情,冷漠而缺乏同情心。她的母亲总是处于烦躁和愤怒的状态。她说她经常和母亲争吵,最后两个人会冲对方大喊大叫,母亲会以"都是你的错,你真让人受不了"来结束争执。然后茱莉娅会把自己关在房间里,因为愤怒、悲伤和沮丧而大哭。她母亲还会在门外不停地骂她。

茱莉娅10岁的时候,她的姑姑住得离她的学校比较近,所以提出让茱莉娅到她家住一段时间。住在姑姑家的几个星期,茱莉娅快乐多了,而每当要回自己家的时候就感到非常痛苦。

到了现在,只要一想到母亲,她就很难压抑怒火。

"我无法理解她,她是个坏人。"她气愤地对我说。

她现在每周三都会去看望她的父母,在那里远程办公,然后留下来吃午饭。

"每到周二晚上,只要一想到第二天是周三,我要去父母家,我就睡不好。每到周三我就很难集中精力

---

① 有些时候,记忆缺失是由童年创伤造成的,或者是因为在某些时候没有感受到爱。

工作，到了下午我就会感到精疲力竭，仿佛刚做完剧烈运动一样。我怨恨、讨厌他们，但另一方面，我又感到歉疚。我和他们在一起的时候非常紧张，非常愤怒。想到这些，我发现自己在工作时哭了出来。我想去看望他们，因为他们年纪大了，我也很想原谅他们，让自己获得平静，但我做不到。我的母亲对我来说是有毒的人。我的父亲伤害过我，但他不像我母亲那样令我心烦意乱。"

在茱莉娅的故事中，她的母亲多年来一直在伤害她。当对你造成伤害的人与你关系太亲近时，疗愈的工作就会更加复杂和棘手。伤害你最深的，往往是你最亲近的人。

我们尝试了通过多种方式解决她的问题。其中一种是分析她的情绪之箭，了解在她去父母家的过程中产生了哪些生理和心理症状。当然，我们必须努力治愈她童年的创伤，以便进行下一步的工作。EMDR疗法帮助她减轻了那些场景所带来的痛苦和干扰。最后，茱莉娅逐渐学会了管理自己的情绪，学会了掌控那些使她深感不安的局面。

与父亲、母亲的关系固然重要，但我们也可以与周围的其他人——叔叔舅舅、祖父母、朋友、伴侣、教练、老师等——建立强大、牢固的纽带，从中得到治愈。在治疗过程中，你可以多接触这些人，让自己被爱，感受被偷走的母爱或父爱。

我认识很多没有做过母亲的女人，但她们有一颗"母亲的心"，治愈了很多处在痛苦之中的人。我有一个未婚未育的女性朋友，她非常擅长倾听。她有一种特殊的天赋：当你需要她的时候，她就会出现，会在你最困难的时候支持你、安慰你。

有毒的伴侣

我们必须区分有毒的伴侣和由于种种原因感情变淡的伴侣。随着时间的推移，许多关系和婚姻都会变质。疲劳或紧张会导致伴侣不像刚在一起时那么体贴和呵护对方，会发生以前没有过的不够尊重对方的行为，或者其中一方提出另一方满足不了的要求。

夫妻关系都会经历自然的、顺理成章的变化，但这种变化不一定能被接受。我们天真地认为，我们将永远保持相识之初那种小鹿乱撞的感觉。有时，感情自然的耗损和关系的变化会导致一定程度的不适。这时你应该夺回主动权，投入时间、精力努力维护你们的关系。看书、聊天、参加课程或进行婚姻咨询……任何有助于改善关系的方法都值得一试。我们需要望着对方说："我在这里，你也在这里。我们爱着对方，我们理解对方，我们希望关系继续下去，然而我们现在让彼此很累，我们成了偶尔会让对方痛苦的人，而不是让对方快乐的人。"

许多伴侣关系的危机都是先从其中一方遇到问题开始的，这一方往往有皮质醇中毒的症状，一直生活在警戒状态中。有时我们也可能由于一些不可控的状况处境艰难——比如进入哺乳期、孩子不肯睡觉、子女进入叛逆的青春期、确诊疾病、经济困难、孩子离开家后产生空巢综合征……每个人的生活中都有美好的和糟糕的瞬间，有的是难忘的，有的是很快会忘记的，在伴侣生活中也是如此。我们有时会很幸福，有时也会经历痛苦，做出牺牲。我们应该努力成为乐观、开朗的人，心怀梦想，但不能过于幼稚天真。就像婚礼上的誓言说的那样，"无论顺境还是逆境，无论快乐还是悲伤，无论疾病还是健康"。被祝福过的水，肯定就不一样了[1]。正如我父亲所说："没有比婚姻关系更复杂的关系了。"岁月无情，如果一个人没有全心经营的决心和坚守承诺的意志，婚姻的旅程将无比艰难。

在一段婚姻关系中，我们必须学着应对各种各样的挑战。此外，我们要学会接纳共同生活的不同阶段。当艰难的时刻到来时，我们必须努力度过。只有这样，婚姻关系才会变得更加牢固。为此，我们必须采取适当的措施：两个人单独吃晚餐，在餐桌上讨论彼此忧虑的事情，回忆一起经历过的事情，表达对彼

---

[1] 西班牙谚语。古代人认为水可以被施法术，人喝了受污染的水就会生病，由此产生了为水祝福的习俗，目的是使水摆脱邪灵。——译者注

此、对共同的家的爱，周末出游、在旅途中缓解积累的疲劳，做共同爱好的运动，参加让我们精神振奋的朋友聚会……必要时，我们甚至可以求助于能为我们提供建议的外部人士。

我经常建议大家向其他克服了婚姻问题的朋友征求意见。不过，你还需要学会向正确的人求助。我有一位患者，在他为挽留妻子而苦苦挣扎的时候，他咨询了一位结过三次婚的同事，而那位同事给出的"建议"是："休息一下，跟妻子离婚之后、跟下一任妻子结婚之前的时光是最快乐的！"

如果你想修复已经破损的关系，请与有过类似经历并已解决问题的朋友交谈。他们会推心置腹地和你分享他们的经验。

在一段关系中，一方常常会突然对另一方产生厌恶情绪。这种情况可能每十年发生一次，也可能一年发生一次，甚至一个月发生一次。在这些时刻，有些你早就适应了的对方的行为，现在却引起了你强烈的反感。突然间，这个人所做的一切，他说话的方式、对待他人的态度、穿着的品位、打鼾的声音、吃饭的仪态都让你看不顺眼了。你之前并不在意的某些行为会突然影响到你。造成这种情况的原因多种多样：你正处在皮质醇中毒的阶段，更容易被激怒；女性某种激素水平的变化使你对周围环境更加敏感；家中有人生病；经济问题让你困扰；或者你由于晚上一直睡不好而疲惫不堪……

有时，你面前的人也会发生变化，原因非常多！可能是因为一些负面的事件，比如丢了工作，与讨厌的同事打交道，迷恋上别人，或者形成某种成瘾症。每隔一段时间停下来思考一下，有利于关系的健康发展。你们可以一起梳理这段关系。我曾多次提到：许多危机都是成长的机会，也是巩固关系的机会。

令人悲伤的是，有时候危机造成的伤害过大，以至于唯一的解决办法是两个人暂时分居或者彻底分开。

后 记

寻找你的维他命人

我的朋友罗德里戈是我的维他命人。认识他的时候,我正在马德里做精神科的住院医生。我们是在一个聚会上相识的,那天一直聊到很晚。他很友善,富有幽默感,而且心胸宽广。从那天开始,他和我的姐妹、父母、丈夫都建立了亲密的友谊。几年后,我的孩子们也和他成了朋友,他们亲切地称呼他为"罗德里戈舅舅",他已经成了我们家的一员。十几年来,他没有缺席过我们家的任何一次活动。他很喜欢我们,我们全家人也都喜欢他。他有一颗金子般的心。

我在医院值夜班的时候非常辛苦,要救治危重病人,没时间休息,也顾不上吃晚饭。罗德里戈住得很近,他经常下班路过医院,给我带一些巧克力(我是巧克力的狂热爱好者)或者三明治,免得我饿昏过去。

我为什么要说起他呢？2019年4月13日中午12点，我和我的丈夫正在去香港的路上，这是我们计划了一整年的旅行。在机场，我们给罗德里戈打电话，想告诉他我们要出发了，但是联系不到他。我们的飞机起飞一小时后，我用手机连接飞机上的Wi-Fi，想查一些有关香港的信息，结果发现罗德里戈的姐姐在WhatsApp上发来了语音消息："罗德里戈中风了，现在正在抢救，恐怕救不回来了。来跟他告别吧。"

悲痛顿时笼罩了我。我被困在一架将要飞行超过十小时的飞机上，脑海中冒出各种可怕的想法：他会死吗？我是不是再也见不到他了？我告诉丈夫这件事时，飞机上的每一分钟都漫长得像是永恒。连上飞机上的Wi-Fi带来的更多的是悲伤而不是宽慰，因为越来越多的朋友和家人得知了消息，纷纷跟我联系，表达他们对这件事的关心。

罗德里戈陷入了深度昏迷，他的右脑梗死了。我认识他所在的重症监护室的一位医生，从香港给他打电话。医生告诉我罗德里戈的预后很糟糕，即使他能活下来、醒过来，可能也需要几个月时间才能恢复些许"正常状态"。

等我回国后终于获准到重症监护室探望的时候，我才得知他病情的进展。由于颅内压的增高，医生摘除了他的一块头骨，所以他的头变形了。他的样子变化太大了，令人难以接受。医生只允许我们几个最亲近的人陪伴他一小会儿，我们极力像往常一样跟他讲述我们的近况，但是根本无法抑制悲伤。

罗德里戈的情况依然不容乐观，他对任何刺激都没有反应，伤口也没有好转。几天过去了，几个星期过去了……然后奇迹发生了！一天早上，我接到电话通知，他从昏迷中苏醒了。我赶到医院，走进病房的时候他对我磕磕巴巴地说起了英语，而我这辈子都没听他说过这门语言。我走到他床前，他抬手摸了摸我的脸。医生要求我们对待病人多加小心，还提到康复的进程会非常缓慢，需要几个月甚至几年的时间。最重要的是，医生强调，这么严重的中风可能导致他变得易怒，很难再和我们进行情感交流。

但令人惊讶的是，没过几天他就开始说话了！当时他还在重症监护室里，我记得他和我聊天，问到我的书，提到我的每一个孩子，而且名字都没说错！他还问起一些他能清楚记得的往事。谈论我们与他分享的事情时他很激动，眼中含着泪水。

我申请查阅了他的磁共振成像报告，因为作为医生，我不明白他是如何做到那样交流、回忆、感受和表达的。报告显示，他的半边大脑都是黑色的，完全梗死了。从那天起，罗德里戈对我来说变成了一个科学上的和心理学上的谜团。他依然是孩子们的罗德里戈舅舅，依然是我们的密友。从专业角度看，他的康复是一项艰巨的任务，可是他的恢复速度超出了预期，医生们无法理解他是怎么做到的。

出院两个月后，他回到重症监护室，感谢医生们对他的照料，他叫出医生们的名字，一一向他们问好——他从来没有失去过他的幽默感。医生们觉得他的好转程度非常不可思议，都为他感到高兴。

罗德里戈在不同的康复中心住了几个月。其间，他接受了神经外科的手术，把之前取出的那块头骨放了回去。几天后他的外表有了显著改善，他的记忆力依然好得惊人，而且他总是无比快乐。

我咨询了很多同事，试图从医学角度研究他这个病例。他左侧身躯瘫痪，的确需要坐轮椅了，但是他的头脑非常灵活，能清楚地记得所有细枝末节。他总是兴高采烈，在每个场合都能体察大家的情绪，适时做出恰到好处的点评。只要跟他待上一会儿，你就会感到神清气爽、快乐满满。

有一次，一位擅长治疗此类病症的神经科专家为罗德里戈做了检查，他跟我们分享了一种观点："**努力爱别人并且能够充分感受到被爱的人，有时候好转速度快得惊人。**"

他的话对我产生了很大影响。这个想法验证了我之前无意识的猜想，尽管我不明白如何能让这种作用机制奏效。

千真万确，罗德里戈这一辈子都被家人和朋友深深地爱着，他身上散发着浓浓的爱意。或许，被陪伴、被照顾的感觉也让他得到了慰藉。我相信这一点。

> 找到维他命人会对你的大脑产生影响。

读到这里，你已经知道爱与被爱对健康有多重要了吧。

以色列神经科学家莫兰·瑟夫（Moran Cerf）是西北大学凯洛格商学院的教授，他对这个主题进行了深入研究。瑟夫观察人类如何做决定，他从睡眠、情绪、决策和行为的角度研究了数百名患者的大脑。研究结果表明，当几个人在一起进行同样的活动时，他们的脑电波会逐渐开始趋同，最终达到几乎一致。也就是说，和他人待在一起会使我们的思维趋向一致。这是因为脑电波进行非常相似的活动会影响神经元的连接。这就是著名的镜像神经元和神经可塑性。

掌握这种规律后，我们只要多跟积极的人相处，自己就会变得更好。人们都说，我和我妹妹伊莎贝尔的有些姿态很像我们的父亲。我并不感到奇怪。我们三个人一起工作了许多年，我发现我有很多次无意识地做出一些我父亲经常使用的表情和手势。这是怎么回事？难道大脑也可以同步吗？不排除这种可能。科学对此是做出过论证的。一方面，这意味着如果我们和有毒的人在一起生活多年，我们就要留心自己不要被同化；另一方面，这也是一个充满希望的信号。尽可能成为一个维他命人吧，假如真如我们所见，我们与身边长时间相处的人的大脑之间会产生同步和同化，那就意味着我们可以对有毒的人施加积极的影响，帮助他们走出消极的循环。

维他命人会与我们内心最美好的部分建立连接，激活我们的思想，让我们打开心扉，焕发热情。和维他命人交谈、相处能提升我们的精神状态。他们的快乐富有感染力，他们拥有满满的正能量，给我们带来欢笑，使我们扭转颓势，让我们看到事情好的一面。对我们的情绪平衡来说，他们是行走的宝藏。我找不到恰当的语言来定义他们，如果有人能一如既往地鼓舞我们、随时随地让我们重拾对生活的热情，我们要怎么称呼他们才能恰到好处？如果你认识一个这样的人，请好好珍惜他，他能让你在内心兵荒马乱的时刻寻得安宁。

我很幸运，找到了我的维他命人。我的家人，尤其我的丈夫让我受益良多。工作中我拥有出色的团队，还有很多非常特别的朋友。我喜欢和那些能够发掘我的闪光点、激励我不断进步的人待在一起。

我喜欢从每天遇见的人身上吸取维他命。玛尔塔——我的好朋友，她总是能治愈心伤；我的妇科医生——给予我很多支持；帮助我照看孩子的保姆；我们镇子上的面包师——他做的裹上巧克力的蝴蝶酥是世界上最好吃的甜点；孩子们学校里的班主任——他有着无穷无尽的耐心；我在诺曼底、哥伦比亚的朋友以及可以一起骑马的朋友……还有很多很多人，感谢你们出现在我的生命里。

我建议每个人都找到自己身上的维他命。即使是最复杂的人，也会有精彩的东西值得分享。

他们能增强你的自信

他们支持你、鼓励你

他们让你展现出你最好的一面

他们努力减轻你的痛苦

他们愿意理解你，而不是评判你

他们向你传递快乐和对生活的热爱

他们懂得感恩，并且会传递感恩的心态

他们使你摆脱负面情绪，增强你的积极情绪

他们富有幽默感

如何识别维他命人

不过，维他命人最让我着迷的一点是，当我们有好消息时，他们甚至比我们更开心。

成为一个维他命人，和维他命人在一起。

致　谢

感谢我的父亲，他教会我如何爱我的患者，用心地陪伴他们。

感谢我的母亲，她教会我多多关爱他人。

感谢我的姐妹，她们是最早出现在我生命中的维他命人。

感谢卡门，让我感受到母亲与孩子之间深深的依恋和羁绊。

感谢我的姐夫米格尔·安赫尔和罗西奥，还有皮拉尔、玛利亚、费尔南多、伊格纳西奥，他们都是我的维他命人。

感谢我的两位编辑安娜·罗莎和比希尼娅，感谢她们鼓励我继续用文字传达我的想法和观点。感谢佩帕为我的文字施加魔法。

感谢大卫在我撰写这本书的几个月里一直亲切而有耐心，总是从专业角度给我指导。

感谢埃斯帕萨出版社的全体工作人员一直在这场写作的旅行中陪伴我，用明智的判断指引我。

感谢瓦伦蒂娜，感谢她在心灵和情感上做我的依靠和朋友。

感谢我的患者们，他们是伟大的老师，感谢他们信任我，让我来治愈、缓解他们内心深处的伤痛。

感谢马拉维利亚，感谢她在几个月的相处中一直启发我。她教给我很多关于爱和催产素的知识，我们每个人都因为她而获益匪浅。

参考书目

Aron, E., *El don de la sensibilidad en la infancia,* Obelisco, 2017.
—, *El don de la sensibilidad en el amor,* Obelisco, 2017.
Arponen, S., *¡Es la microbiota, idiota!,* Alienta, 2021.
Barudy, J. y Dantagnan, M., *Los buenos tratos a la infancia. Parentalidad, apego y resiliencia,* Gedisa, 2006.
Basallo A. y Díez T., *Pijama para dos,* Planeta, 2008.
Bergmann, U., *Fundamentos neurobiológicos para la práctica de EMDR,* Punto Rojo, 2015.
Best-Rowden, L., *et al.,* «Automatic face recognition of newborns, infants, and toddlers: A longitudinal evaluation», *International Conference of the Biometrics Special Interest Group* (BIOSIG), 2016.
Bilbao, A., *El cerebro de los niños explicado a los padres,* Plataforma, 2015.
Botton, A. de, *El placer del amor,* Lumen, 2017.
Bowlby, J., *El apego: el apego y la pérdida,* Paidós Ibérica, 1993.
Bravo, J. A., *et al.,* «Ingestion of Lactobacillus Strain Regulates Emotional Behavior and Central GABA Receptor Expression in a Mouse Via the Vagus Nerve», *Proc. Natl. Acad. Sci.,* 2011, https://pubmed.ncbi.nlm.nih.gov/21876150/.
Catlett, J., «Avoidant Attachment: Understanding Insecure Avoidant Attachment», *PsychAlive,* 2019, https://www.psychalive.org/anxious-avoidant-attachment/.

Ceriotti Migliaresi, M., *Erótica y materna,* Rialp, 2018.

Cyrulnik, B., «Resiliencia: el dolor es inevitable, el sufrimiento es opcional», AprendemosJuntos, BBVA, 2018, https://www.youtube.com/watch?v=_IugzPwpsyY.

—, *El amor que nos cura,* Gedisa, 2006.

Dodgson, L., «Some People can't Commit to Relationships Because they Have an "Avoidant" Attachment Style - here's What it Means», *Business Insider,* 2018, https://www.businessinsider.com/what-is-avoidant-attachment-style-2018-3.

Eckstein, M., et al., «Calming Effects of Touch in Human, Animal, and Robotic Interaction-Scientific State-of-the-Art and Technical Advances», *Frontiers in Psychiatry,* 2020, https://www.frontiersin.org/articles/10.3389/fpsyt.2020.555058/full.

Edwards, D. J., et al., «The Immediate Effect of Therapeutic Touch and Deep Touch Pressure on Range of Motion, Interoceptive Accuracy and Heart Rate Variability: A Randomized Controlled Trial With Moderation Analysis», *Frontiers in Integrative Neuroscience,* 2018, https://www.ncbi.nlm.nih.gov/pmc/articles/PMC6160827/.

Eisenberger, N., «The Neural Bases of Social Pain: Evidence for Shared Representations with Physical Pain», *Psychosomatic Medicine,* 2012, https://www.ncbi.nlm.nih.gov/pmc/articles/PMC3273616/.

Escacena M., «Por qué lo de "déjalo llorar para que duerma solo" debe pasar a la historia», *Tribu CSC.* https://www.criarconsentidocomun.com/por-que-lo-de-dejalo-llorar-para-que-duerma-solo-debe-pasar-a-la-historia/.

Faber, A. y Mazlish, E., *Cómo hablar para que sus hijos le escuchen y cómo escuchar para que sus hijos le hablen,* Medici, 1997.

Fisher, H., *El primer sexo,* Taurus, 2000.

—, *Por qué amamos. Naturaleza y química del amor romántico,* Debolsillo, 2005.

Fonagy, P., *Teoría del apego y psicoanálisis,* ESPAXS, 2004.

Galán Bertrand, L., *El gran libro de Lucía, mi pediatra,* Planeta, 2020.

Ganger, C., «6 Signs your Kid Has the Avoidant Attachment Style», *Romper*, 2018, https://www.romper.com/p/6-signs-your-kid-has-the-avoidant-attachment-style-3265056.

Gonzalo Marrodán, J. L., «La relación terapéutica y el trabajo de reconstrucción de la historia de vida en el tratamiento psicoterapéutico de los niños crónicamente traumatizados», *Cuadernos de psiquiatría y psicoterapia del niño y del adolescente*, 2010.

Gray, J., *Los hombres son de Marte, las mujeres de Venus*, Grijalbo, 2004.

Grebe, N., *et al.*, «Oxytocin and Vulnerable Romantic Relationships», *Hormones and Behavior*, 2017, https://pubmed.ncbi.nlm.nih.gov/28254475/.

Haley, D., «Relationship Disruption Stress in Human Infants: a Validation Study with Experimental and Control Groups», *Stress*, 2011, https://pubmed.ncbi.nlm.nih.gov/21438783/.

He, W., *et al.*, «Auricular Acupuncture and Vagal Regulation», *Evidence-based Complementary and Alternative Medicine*, 2012, https://pubmed.ncbi.nlm.nih.gov/23304215/.

Holmboe, S. A., *et al.*, «Influence of marital status on testosterone levels-A ten year follow-up of 1113 men», *Psychoneuroendocrinology*, 2017, https://pubmed.ncbi.nlm.nih.gov/28376340/.

Illouz, E., *Intimidades congeladas*, Katz, 2007.

Key, A. P., *et al.*, «What do infants see in faces? ERP evidence of different roles of eyes and mouth for face perception in 9-month-old infants», *Infant and Child Development: An International Journal of Research and Practice*, 2009.

Kroll-Desrosiers, A. R., *et al.*, «Association of Peripartum Synthetic Oxytocin Administration and Depressive and Anxiety Disorders within the First Postpartum Year», *Depression and Anxiety*, 2017, https://pubmed.ncbi.nlm.nih.gov/28133901/.

Kühn, S. y Gallinat, J., «Brain Structure and Functional Connectivity Associated with Pornography Consumption: The Brain on Porn», *JAMA Psychiatry*, 2014.

Kumperscak, H. G., et al., «A Pilot Randomized Control Trial With the Probiotic Strain *Lactobacillus rhamnosus* GG (LGG) in ADHD: Children and Adolescents Report Better Health-Related Quality of Life», *Frontiers in Psychiatry,* 2020, https://www.frontiersin.org/articles/10.3389/fpsyt.2020.00181/full.

Liew, M., «10 Signs that your Partner Has an Avoidant Attachment Style and How to Deal with Them», *Life Advancer,* 2017, https://www.lifeadvancer.com/avoidant-attachment-style/.

Lu, W.-A., et al., «Foot Reflexology Can Increase Vagal Modulation, Decrease Sympathetic Modulation, and Lower Blood Pressure in Healthy Subjects and Patients with Coronary Artery Disease», *Alternative Therapies in Health Medicine,* 2011, https://pubmed.ncbi.nlm.nih.gov/22314629/.

Marazziti, D., et al., «Sex-Related Differences in Plasma Oxytocin Levels in Humans», *Clinical Practice and Epidemiology in Mental Health,* 2019, https://www.ncbi.nlm.nih.gov/pmc/articles/PMC6446474/.

McNamee, S. y Gergen, K. J., *La terapia como construcción social,* Paidós, 1996.

Miller, A., *El cuerpo nunca miente,* Tusquets, 2005.

Montagu, A., *El tacto,* Paidós, 2004.

Moore, E., et al., «Early Skin-to-Skin Contact for Mothers and Their Healthy Newborn Infants», *Cochrane Database of Systematic Reviews,* 2012, https://www.ncbi.nlm.nih.gov/pmc/articles/PMC3979156/.

Murthy, V. H., *Juntos. El poder de la conexión humana,* Crítica, 2021.

Nagasawa, M., et al., «Dog's Gaze at Its Owner Increases Owner's Urinary Oxytocin During Social Interaction», *Hormones and Behavior,* 2009, https://pubmed.ncbi.nlm.nih.gov/19124024/.

Narváez, D., *Neurobiology and the Development of human morality. Evolution, Culture, and Wisdom,* Norton, 2014.

Ooishi, Y., et al., «Increase in Salivary Oxytocin and Decrease in Salivary Cortisol after Listening to Relaxing Slow-Tempo and

Exciting Fast-tempo Music», *PLoS One,* 2017, https://www.ncbi.nlm.nih.gov/pmc/articles/PMC5718605/.

Rimmele, U. *et al.,* «Oxytocin Makes a Face in Memory Familiar», *The Journal of Neuroscience,* 2009, https://www.jneurosci.org/content/29/1/38/tab-article-info.

Rothschild, B., *EL cuerpo recuerda,* Eleftheria, 2015.

Ruiz, J. C., *Filosofía antes del desánimo,* Destino, 2021.

Rygaard, N. P., *El niño abandonado. Guía para el tratamiento de los trastornos del apego,* Gedisa, 2008.

Sabater, V., «Madre que no quieren a sus hijos, ¿por qué ocurre?», 2020, https://lamenteesmaravillosa.com/madres-que-no-quieren-a-sus-hijos-por-que-ocurre/.

Sassler, S., *et al.,* «The Tempo of Sexual Activity and Later Relationship Quality», *Journal of Marriage and Family,* 2012, https://www.researchgate.net/publication/262959345_The_Tempo_of_Sexual_Activity_and_Later_Relationship_Quality.

Siegel, D. J. y Payne T., *El cerebro del niño,* Alba Editorial, 2020.

Stamateas, B., *Gente tóxica,* Ediciones B, 2013.

Stevens, G., *Positive Mindset Habits for Teachers,* Red Lotus Books, 2018.

Stoner, J. R. y Hugues D. M., *Los costes sociales de la pornografía,* Rialp, 2014.

Sugawara, K., «5 Signs your child has an avoidant attachment style (and how to fix it!)», *Marie France Asia,* 2018, https://www.mariefranceasia.com/parenting/parenting-tips/5-signs-child-avoidant-attachment-style-can-fix-321908.html#item=1 .

Sunderland, M., *La ciencia de ser padres,* Grijalbo, 2006.

Terrasa, E., *Un viaje hacia la propia identidad,* Astrolabio, 2005.

Uhls, Y. T., *et al.,* «Five Days at Outdoor Education Camp without Screens Improves Preteen Skills with Nonverbal Emotion Cues», *Computers in Human Behavior,* 2014, https://www.sciencedirect.com/science/article/pii/S0747563214003227.

Wallin, D. J., *El apego en psicoterapia,* Desclée De Brouwer, 2012.

Welss, R., «Los efectos psicológicos del sexo casual», 2020, https://www.psychologytoday.com/es/blog/los-efectos-psicologicos-del-sexo-casual.

Zak, P. J., *Trust Factor. The Science of Creating High-Performance Companies,* Harper Collins, 2017.

Zsok, F., Haucke, M., *et al.,* «What kind of love is love at first sight? An empirical investigation», *Personal Relationships,* 2017.

推荐书目

Alonso Puig, A., *Resetea tu mente. Descubre de lo que eres capaz,* Espasa, 2021.
Rojas, E., *Todo lo que tienes que saber sobre la vida,* Espasa, 2020.
Rojas Estapé, M., *Cómo hacer que te pasen cosas buenas,* Espasa, 2018.

拥抱激素

Zak, P. J., *La molécula de la felicidad,* Indicios, 2012.

依恋

Ceriotti Migliarese, M., *La familia imperfecta. Cómo convertir los problemas en retos,* Rialp, 2019.
Guerrero, R., *Educación emocional y apego,* Timun Mas, 2018.
Meeker, M., *Padres fuertes, hijas felices,* Ciudadela Libros, 2010.
Siegel, D. J., *La mente en desarrollo,* Desclée de Brouwer, 2007.

欢愉与爱情

Aron, E., *El don de la sensibilidad. Las personas altamente sensibles,* Obelisco, 2006.

Beck, A. T., *Con el amor no basta,* Paidós, 1990.
Chapman, G., *Los cinco lenguajes del amor,* Revell, 2011.
Gottman, J. M., *Siete reglas de oro para vivir en pareja,* Debolsillo, 2020.
Harley, W., *Lo que él necesita, lo que ella necesita,* Revell, 2007.
Menáguez, M., *Solo quiero que me quieran,* Rialp, 2021.
Rojas, E., *El amor inteligente,* Temas de Hoy, 2012.
—, *El amor: la gran oportunidad,* Temas de Hoy, 2011.

有毒的人

Álvarez Romero, M. y García-Villamisar D., *El síndrome del perfeccionista,* Books4pocket, 2010.
Stamateas, B., *Gente tóxica,* Ediciones B, 2013.

本书完成于2021年6月13日,那天恰好是圣安东尼日。